できるCIOになるための
『経理・財務』の教科書

金児 昭 監修
経済・金融・経営 評論家
前金融監督庁（現金融庁）顧問

榊 正壽・猪熊 浩子 著
公認会計士　　公認会計士

税務経理協会

監修にあたって

● **すべてのビジネスパーソンに読んでいただきたいと思って書かれた本です**

そのために，正確で，やさしく，うすく，安価で買っていただけるように構成いたしました。しかも，大事なポイントは漏らさずに説明されています。

わが国のビジネスが，小・中・大の会社・お店を問わずあらゆる面で国際的に拡がっている今，ＩＴや「経理・財務」を学ぶことは，必ず皆様のこれからのビジネスにお役に立つと思います。

● **やさしい「経理・財務」は，いまや日本の会社・お店の常識です**

日本の会社・お店のなかの「経理・財務」（1989年の私の造語）の仕事が大きく世界中から注目されています。その後，経済産業省が標準化した「経理・財務サービススキルスタンダード」が2005年に完成しました。現在まで心から応援させていただいています。

さらに喜ばしいのは，この「経理・財務」が日本だけでなく，東アジアでも多くの国々の方々に使っていただいていることです。

● **ＣＩＯの方だけでなく，これからＣＩＯをめざす方も読んでいただきたい**

ＣＩＯ（最高情報責任者）が単なる技術屋さんでは，すまなくなっています。企業が生き残るためには，やはり利益を上げなくてはなりませんし，この「利益」を１円でも上げることが，経営そのものです。ＣＩＯの使命は，まさにこの経営とＩＣＴを結びつけることです。

本書を執筆された，榊　正壽さん（公認会計士）と猪熊浩子さん（公認会計士・東北大学大学院准教授）おふたりは，この分野のエキスパートであり，豊富な知識と事例を持っておられます。日本中の多くの皆様に本書をお読みいただければ，これほど嬉しいことはありません。

2012年2月

金児　昭

はしがき

　企業を取り巻く経営環境は常に大きな変化の波にさらされているのは古今問わないのですが，昨今はビジネスでの成功要因として，ＩＣＴ（情報通信技術）をいかに効果的に，そして効率的に活用できるか，すなわちＩＴ経営が企業の命運を握ると言っても過言ではありません。

　そのような中，企業において「自社の経営理念に合わせて情報化戦略を立案，実行する責任者」としての任務を持つＣＩＯ（Chief Information Officer：最高情報責任者）の位置づけはますます大きくなっています。

　ＣＩＯの役割は，単にＩＴ技術についてだけ精通していれば十分という時代から大きく変わり，いかに経営とＩＴ技術を結び付けていくのか，すなわち「ビジネスとの適合性」の実現がテーマとなっています。

　日本では従来，アメリカに比べてＣＩＯという役職そのものがなかったり，ＣＩＯの組織内での存在意義も希薄，といった状況でしたが，最近の厳しいビジネス環境下においては，ＣＩＯの成否が企業が覇者として生き残るためのポイントになっています。

　このＣＩＯのポジションには，経営的なセンスを持ち，専門的なＩＴ技術の知識を兼ね備えた高度な人材が就くことが不可欠になっています。経営のうち特に財務分野はＩＴと切っても切れず，新しいＣＩＯに求められる重要な分野となっています。

　ところで，現実に，日本企業では一般的にどういった人がＣＩＯについているのでしょうか。ＣＩＯですと，ある程度ＩＴ知識を兼ね備えている人が任に就くことが求められることは言うまでもありませんが，社外から適任者を獲得して，もしくは独立の役職として，というよりも，社内の総務・財務系の出身者が他の職務と兼務して役職についている傾向がまだ見られます。

　もはや，ＣＩＯは情報システムについての技術屋さんだけでは済まなくなっているのですから，経営へのインパクトを探る，ＩＴ戦略の立案者，ビジネス視点でのＩＴプロセス構築の責任者なのだとの強い認識が求められています。

同様の観点から、日本ではＣＩＯが本来担うべきミッションが軽く見られがちな中で、ＣＩＯに向けた戦略と関連して、財務・会計に関しての理解を促す書籍をあまりみかけません。企業が生き残るためには、利益を上げなくてはなりませんから、ＩＴの責任者であるＣＩＯは自らの業務遂行の帰結として、どういった経営的・財務的なインパクトがあるのかを理解することが必須です。そこで本書では、ＣＩＯというＩＴの責任者の切り口から経営戦略や財務戦略をわかりやすく説明しました。

　本書は、ＣＩＯの任に就く方のみならず、ＣＩＯ支援担当メンバーや、ＩＴ・経営コンサルタント、その他情報技術に関心を持つ会計・監査実務に従事する多くの方に広く読んでいただきたいと考えています。

　本書全体を通じて、経営とＩＣＴがもはや相互単独のものではなく、如何に融合させるべきかについてを読者の皆さんに理解してもらいたいと考えております。筆者として、はしがきを通してお伝えしておきたいことがあります。それは、ＩＣＴは「魔法の杖」ではないということです。ＩＣＴはあくまで経営のためのツールであり、そもそも経営なくしてＩＣＴが役立つことはありません。しかし、経営とＩＣＴとがきちんと噛み合っていれば、ＩＣＴは経営の力を何倍、何十倍にも高めてくれます。そして、ＣＩＯとはまさにこの経営とＩＣＴとの融合を成し遂げる役割を持っています。

　まずは、本書が皆さんが企業のＩＴ経営を考えるに当たり、お役に立つ一冊となれば幸いです。

　最後に、杉山義勝さん、鈴木淳二さん、大久保明さん、三橋敏さん、武田敦さん、田山裕之さんには、執筆にあたりご協力をいただき、編集部の鈴木利美さんには、刊行にあたりお世話になりました。ここに謹んで謝意を表します。

　2012年2月

榊　　正壽

猪熊浩子

目　次

監修にあたって
はしがき

第1章　変わりつつあるCIOの業務

1. ますます拡大するITの範囲……………………………………………2
2. CIOとは？………………………………………………………………4
3. IT組織のあり方…………………………………………………………6
4. シャドウIT………………………………………………………………7
5. CIO業務の変化：IT成熟度レベル……………………………………10
6. CIO業務の変化：ビジネス単位の成熟度レベル……………………13
7. CIO業務の変化：統合が最も進んだ高度なレベル…………………15
8. CIO業務の変化：成熟度モデル………………………………………17
9. CIO業務の変化：ビジネスとITのライフサイクル…………………18
10. IT市場はどうなっているか……………………………………………19
11. 「企業のIT化に関する現状調査」に示される日本の現状…………21
12. 今の日本の状態は？……………………………………………………23
13. IT戦略を国際比較してみる……………………………………………25
14. 経営戦略実現のツールとして…………………………………………27
15. ビジネスとITにおける最近のトレンド………………………………29
16. CIOに求められる能力…………………………………………………31
17. CIOに求められる役割（機能）………………………………………33
18. ITリスクマネジメント…………………………………………………35
19. 様々な機器がIP化していく……………………………………………36
20. 短くなるシステムライフサイクル……………………………………39
21. 現在のビジネスはいつまでもつのか…………………………………41

22　経営を考えること……………………………………………………43
　23　「利益」を生み出すために…………………………………………44

第2章　ＩＴを「戦略」として考える

　1　ＩＣＴを活用した経営革新とは……………………………………48
　2　お金の話としてのＩＴ投資…………………………………………50
　3　「経理・財務」の観点でＩＴ投資をみると・・・…………………52
　4　コンプライアンス，ガバナンス，ＣＳＲとの関係は？……………54
　5　ＩＴは「見えない資産」……………………………………………56
　6　情報セキュリティの値打ち…………………………………………62
　7　ナレッジ・マネジメントの広がり…………………………………64
　8　形式知と暗黙知………………………………………………………67

第3章　ＣＩＯが理解しておきたい　　　「経理・財務」のポイント

　1　所有するか利用するか………………………………………………70
　2　ＩＴにかかわる「経理・財務」……………………………………71
　3　ＩＴシステムの売上はどのようなもので構成されている？………73
　4　売上は「いつ」・「いくら」で計上？………………………………75
　5　一式請負契約の場合…………………………………………………77
　6　システム・エンジニアリング・サービスの場合…………………78
　7　完成基準か進行基準か………………………………………………79
　8　複合取引での売上パターン…………………………………………81
　9　意図的に取引を分解することも・・・……………………………83
　10　「もうけ」を考えるためのコスト計算……………………………87
　11　SaaSに関するコストの切り分け…………………………………89

	目　　次

12　資産か費用か……………………………………………………93
13　グローバル化した経営の資産管理…………………………94
14　資産となった後は何が起きるのか…………………………96

第4章　ICT（情報通信技術）と「経理・財務」の関係を理解する

1　ITと会計・監査のかかわりは深い ……………………100
2　「監査」をどう考えるか …………………………………102
3　リスクアプローチとは ……………………………………104
4　内部統制の本質を理解する ………………………………108
5　ITと会計は経営のインフラ ……………………………113
6　グローバルを意識した経営インフラ ……………………114
7　「会計システム」で「経営」を意識する ………………115

第5章　CIOが意識すべきクラウドの活用のポイント

1　ビジネスライフサイクルとクラウド・コンピューティング …………118
2　クラウド・コンピューティングのビジネスモデル類型 ……………119
3　サービスの性質とサービス提供の形態 …………………121
4　クラウドの分類：サービス提供の形態 …………………122
5　クラウドの分類：クラウドの性質 ………………………124
6　所有から利用へ ……………………………………………126
7　「所有」と「利用」の会計処理 …………………………128
8　経営戦略におけるクラウドの活用 ………………………130
9　クラウドが企業の「経理・財務」へ与える影響 ………132

vii

第1章 変わりつつあるＣＩＯの業務

1 ますます拡大するＩＴの範囲
2 ＣＩＯとは？
3 ＩＴ組織のあり方
4 シャドウＩＴ
5 ＣＩＯ業務の変化：ＩＴ成熟度レベル
6 ＣＩＯ業務の変化：ビジネス単位の成熟度レベル
7 ＣＩＯ業務の変化：統合が最も進んだ高度なレベル
8 ＣＩＯ業務の変化：成熟度モデル
9 ＣＩＯ業務の変化：ビジネスとＩＴのライフサイクル
10 ＩＴ市場はどうなっているか
11 「企業のＩＴ化に関する現状調査」に示される日本の現状
12 今の日本の状態は？
13 ＩＴ戦略を国際比較してみる
14 経営戦略実現のツールとして
15 ビジネスとＩＴにおける最近のトレンド
16 ＣＩＯに求められる能力
17 ＣＩＯに求められる役割（機能）
18 ＩＴリスクマネジメント
19 様々な機器がＩＰ化していく
20 短くなるシステムライフサイクル
21 現在のビジネスはいつまでもつのか
22 経営を考えること
23 「利益」を生み出すために

1 ますます拡大するITの範囲

ビジネス・ビジョンとITの活用！

　現在の日本を代表する元気なビジネスについてみてみると，活気のある企業の多くが，従来以上にビジネスそのものがITに依存している，または，ITを成功要因としている，という傾向があります。

　とくに顕著な事例として挙げられるのがウェブ系のサービスを提供する企業であり，国際的に有名なところでは，グーグル，アマゾン，日本では楽天といったような会社が挙げられます。

　例えば楽天は金融機関に勤務していた経験を生かして三木谷さんが作ったウェブ上のショッピングモールがはしりですが，会社の創設時の規模から比較すると，大変大きな企業に成長したわけです。

　事業のスタート段階から，三木谷さんの頭の中には現在展開されているイメージ（魅力的なコンテンツが集まれば来客数，収益，出店者の意欲が高まる＝バリューチェーンの構築）が描かれていたようです。一般的に楽天はIT企業にカテゴライズされますが，実際はITそのものを事業としているわけではなく，電脳空間にショッピングモール，デパートを設置して経営しているような感じです。そこのデパート中には，楽天トラベルという旅行会社があったり，楽天証券，楽天銀行のような金融機関があったり，様々な店舗がITのバックボーンの上で成り立っているわけです。そういったイメージを最初から経営の方向性として確信していたのでしょう。

　明確な経営の成功イメージを持ち，具体的な成功要因を積み上げていくことが最近成長しているビジネスの一つの特徴となっていますが，これだけでは十分ではなく，その際に頭一つ抜きんでるための要因として，ITの活用よるブレークスルーがあります。

　これは楽天のようなウェブというIT技術を直接活用した企業だけに限定される話ではなく，例えばユニクロを展開しているファーストリテイリングにつ

第1章　変わりつつあるCIOの業務

いても同様です。ユニクロは実際の店舗を運営するビジネスモデルですが，生産拠点を安価な場所，例えば中国等のアジア圏で制作し，消費地として所得の高いところに持ってきて，良い商品を安く売るという形態をとっています。生産地や消費地の特性を生かした経営を行っており，そのため，様々な場所に拠点を持つ必要があり，なおかつ，それを単一の経営組織として運営する必要があります。

　グローバルで単一な組織運営をするために，ITが活用されており，広域に展開されているビジネスをコントロールするために，世界中どこからでもストレスなくアクセスでき，パフォーマンスが発揮され，成長に合わせた柔軟な拡張を有したITインフラ基盤を有しています。

　このように，ビジネス目的の達成のためにITをコアコンピタンス（他社に真似できない核となる能力）として活用している企業が成功に導かれています。

　言い換えると，最近の経営とITの関係は，ビジネス・ビジョンとITのバランスをうまくとることに成功している企業が成功を収めていると言えます。

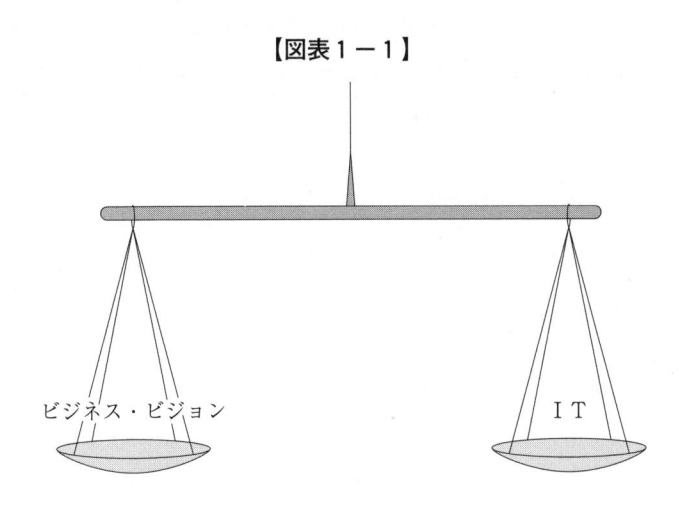

【図表1−1】

ビジネス・ビジョン　　　　　　　　　IT

2 CIOとは？

近頃はカタカナ用語の職業名や肩書をよく見かけますが，企業におけるエグゼクティブの役職名も例外ではありません。「Cスイート」と呼ばれる肩書，「C○○（C何々O）」という肩書が日本でも増えてきました。経営の最高責任者としてのCEO（Chief Executive Officer），業務執行における最高責任者である，COO（Chief Operating Officer），財務に関する最高責任者，経理担当取締役に相当するCFO（Chief Financial Officer）などですが，これらに並ぶ役職として昨今その重要性が高まっているのがCIO（Chief Information Officer）です。

まだメジャーな役職ではない感が否めないですが，実際のところ，日本企業の役職としてのCIOの設置率については，公官庁や研究団体から様々な形で出されており，総務省の「平成22年度版　情報通信白書[1]」では，役職としてCIOを設けている企業の割合は5.4％。日本情報システム・ユーザー協会（JUAS）の「企業IT動向調査2010」だと8％となっています。
　CIOという形ではなくIT部門の責任者としての「情報システム部長」という肩書は一般的かと思います。しかし，この場合，情報システム部長が経営意思決定にたずさわる取締役会のメンバーであるケースは少ないようです。一方，CIOという肩書の場合は経営メンバーであり，ITを中心とした経営業務に対する全責任を持つ役職であり，少々性質は異なります。
　CIOの役職が設置され始めたのは，1980年代のことです。ちょうどPCが普及しだして，IT革命と言われるような，情報社会システムの変容がなされた時期と一致します。当初は情報管理における，最高責任者としての役割が求められていました。

（1）　調査結果は総務省「平成20年通信利用動向調査」による。

第1章　変わりつつあるＣＩＯの業務

　その後1990年代のＣＩＯに与えられたタスクは，ＩＴ戦略や，業務革新，もしくは新規技術を裏付ける研究開発などになりました。

　近年，日本においても，前述のようなＩＴが経営に果たす役割が増大する中で，ＣＩＯの役割の重要性が認識されてきていますが，欧米の企業での位置づけと比べると，本来の役割とはなっていません。

【図表１－２】高成長企業のＣＩＯの行動様式

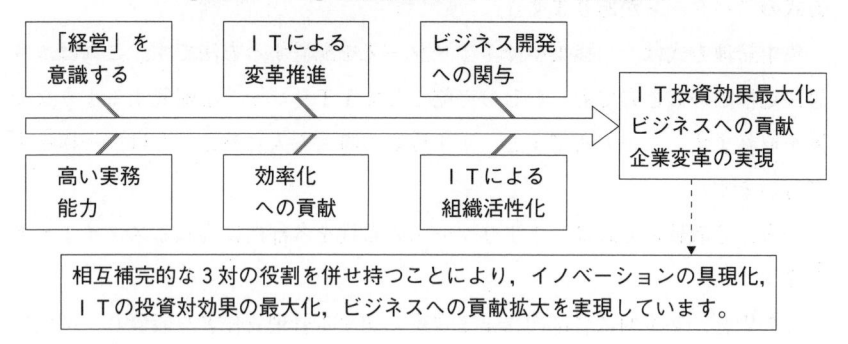

「経営」を意識する	ＩＴによる変革推進	ビジネス開発への関与	→	ＩＴ投資効果最大化 ビジネスへの貢献 企業変革の実現
高い実務能力	効率化への貢献	ＩＴによる組織活性化		

相互補完的な３対の役割を併せ持つことにより，イノベーションの具現化，ＩＴの投資対効果の最大化，ビジネスへの貢献拡大を実現しています。

5

3 IT組織のあり方

　CIOを取り巻く意思決定権限体系については，いくつかパターンがあります。まずこれを見ていくことにしましょう。

　意思決定の構築を考えるときに，①**集中管理する方式**と②**分散して管理する方式**の二パターンがあります。

　集中管理方式は，一極集中でITリソースを配置する方法です。これは，意思決定権限の置き方でも，CEO直轄としてITリソースを配置するような配置を取ります。この方式ですと，IT機器の購入や入れ替えなどは，一極集中で行います。

　一方，分散管理方式は，ITリソースの整備を各部門に委ねるスタイルをとります。

　この場合，基本的に各部門にIT資産に関する管理責任者を設置し，部門におけるIT資産の管理責任を担うことになります。合わせて，各部門にIT資産管理担当者を設置して，新規購入，更新，廃棄などの業務や，各種管理台帳のメンテナンスも行います。各ユーザーサポートも，各部門におかれることもあります。

　また，近頃プロフィットセンター型として，シェアードサービス部門を設置するようなケースも増えています。

【図表1－3】各パターンのメリット・デメリット

	集中管理方式	分散管理方式
メリット	・一所に集めるので標準化しやすい ・全体の最適化やガバナンスの一元化には有効 ・各部門に購買意思決定を委ねないので，規模の経済を期待でき，コスト削減につながる	・各部門での必要性を踏まえてフレキシブルに対応が可能
デメリット	・中央に集約してしまうので，各部門ごとの柔軟性に乏しくなる	・各部門でばらばらに保有するので，管理効率の良さは失われる ・全体の管理体制を求めるのには不向き

4 シャドウIT

また，近頃，IT部門が正式に管轄しないIT業務を「シャドウIT」とよんだりします。例えば部門で独自にサーバを立てたり，データベースを制作する，もしくはAccessやExcelでアドインやマクロを組んで個別の業務システムを構築したりなどがまさにこのシャドウITです。部門の自由なIT利用を阻害しないということではエンドユーザーには望ましいのですが，社内全体の最適化やガバナンスを志向して，重複を避けて投資する必要があるCIOにとって頭が痛い問題です。

社内IT改革でも，シャドウITの撲滅を大きなテーマにかかげる企業もありますが，本当に全廃すべきなのか，それともある程度容認すべきなのか，必ずしも自明ではありません。

しかしながら，最近，サイバーアタックや情報漏洩問題でITのセキュリティが注目され，ITセキュリティが弱くなる原因として，ネットワークで接続されたPCやサーバなどの設定・管理が統合されていない状態，別の言い方

をしますとITセキュリティガバナンスが弱い状態において，脆弱な部分を狙われることが多く，シャドウITのようなコントロールが弱い部分をITネットワークに含める問題も指摘されています。

シャドウITは，効率性の問題もありますが，セキュリティの問題も生じさせますので，経営ガバナンスとの関係からは，集中管理型が望ましいと言えます。

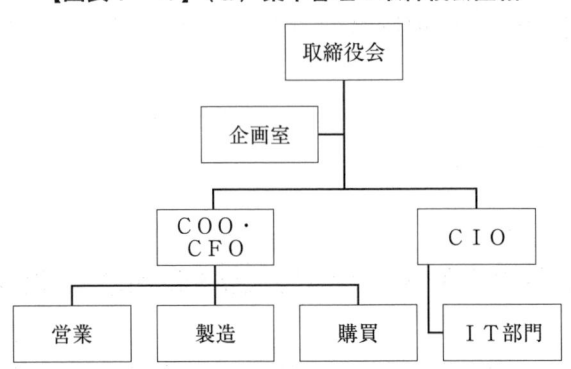

【図表1－4】（a）集中管理：取締役会直結

```
                    取締役会
                       │
        企画室─────────┤
                       │
            ┌──────────┴──────────┐
         COO・                    CIO
         CFO                       │
      ┌────┼────┐                  │
     営業  製造  購買             IT部門
```

第1章　変わりつつあるＣＩＯの業務

【図表1－4】（b）分散管理：

分散管理方式

```
                    取締役会
        ┌──────┬──────┼──────┬──────┐
      情報   人事   経理   総務   製造
      シス    │      │      │      │
      テム   ┌┴┐   ┌┴┐   ┌┴┐   ┌┴┐
      部門   ■ □   ■ □   ■ □   ■ □
              │
              ＩＴ組織（責任者，管理担当者）
```

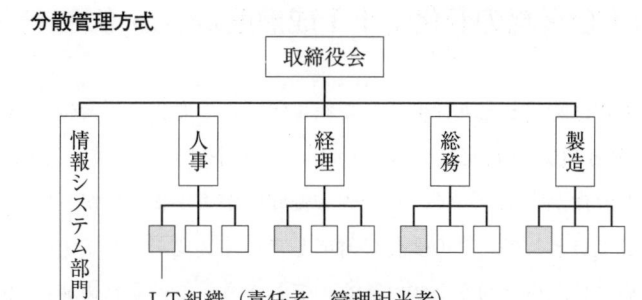

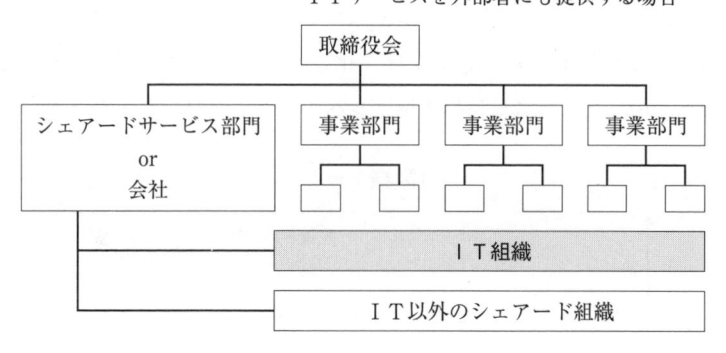

【図表1－5】発展形：

プロフィットセンター型 ──→ ＩＴコストに対して厳しくする場合
　　　　　　　　　　　　　　　ＩＴサービスを外部者にも提供する場合

```
                      取締役会
          ┌─────────┬────────┬────────┬────────┐
    シェアードサービス部門  事業部門   事業部門   事業部門
         or 会社             │         │         │
           │               ┌─┴──────┴─────────┴─┐
           ├───────────────│      ＩＴ組織          │
           │               └────────────────────────┘
           └───────────────┌────────────────────────┐
                           │   ＩＴ以外のシェアード組織   │
                           └────────────────────────┘
```

5 CIO業務の変化：IT成熟度レベル

　CIO業務は時代とともに変化しています。この変化の要素の一つには，ITが関与する領域が拡大してきていることが挙げられます。野球でいえばフィールド自体が広くなって，自分の守備範囲がますます広がっている状況ですから，CIOとしてもこの変化に対応していく必要があります。

　そのためにCIOは何をなすべきなのでしょう。この業務領域拡大に対応する手段として，効率的なIT組織運営が求められますが，同時にビジネスにおける戦略支援として有効であることが必要で，さらにはITを活用して先端的ビジネスを推進することも意識するべきです。

　ここでは，CIOの業務をモデル化して，CIOが直面する過去・現在・今後を説明します。モデルとしてグラフ化した場合，縦軸の「IT成熟度レベル」と横軸の「ビジネス単位の成熟度レベル」がキーワードになります。

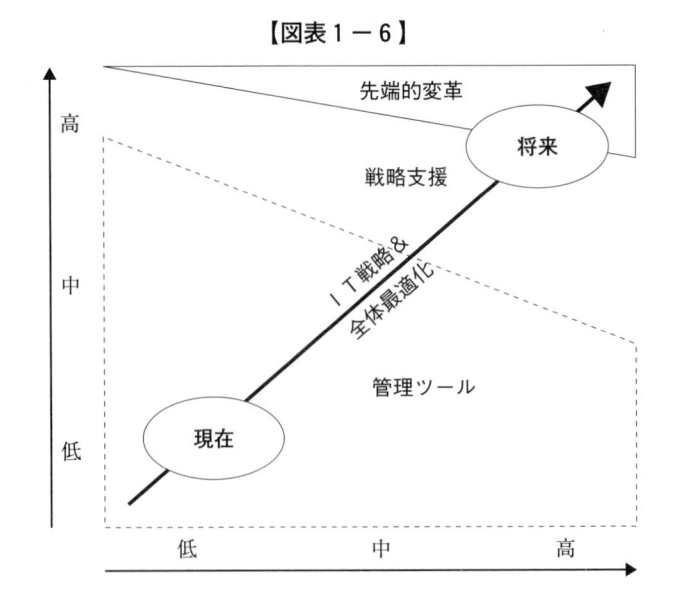

【図表1－6】

第1章　変わりつつあるＣＩＯの業務

ＩＴ成熟度レベル

　最初に縦軸の「ＩＴの成熟度レベル」を見てみましょう。これは高→中→低と分類されています。

【図表1－7】ＩＴ成熟度レベル

ＩＴ成熟度レベル
・高：企業文化に合わせて継続的な革新が伴う状態

・中：顧客やプロセスに即したＩＴ組織が形成され，また全体最適化や，サービスのライフサイクルに合致している

・低：ＩＴ組織が機能ごとに分化している状態

（ＩＴの成熟度レベル：低）

　ＩＴの成熟度レベルが低い状態とは，この「低：ＩＴ組織が機能ごとに分化している状態」です。これは，例えばサーバの管理チーム，会計システムのような業務アプリケーションの管理チーム，社員が使うパソコンのセッティング担当チーム，そういう一つ一つの個別の業務チームがばらばらに運用されている状態です。これは昔ながらの運用スタイルでもあり，例えばＩＴ機器の更新とソフトウェアの更新の連動が考慮されていないといった一般的に見られる事例です。皆さんの身の回りの事例と通じるものがあります。

（ＩＴの成熟度レベル：中）

　次にくる段階は，成熟度レベル中で，「顧客やプロセスに即したＩＴ組織が形成され」とあります。これは，事業部制などの組織単位，金融・製造・サービスといった顧客の業種単位ごとに異なる業務プロセスや製品・サービスのライフサイクルが存在することに対応したＩＴの状況です。

　パソコン，タブレット，スマートフォン，会計システム，ナレッジ・データベース，といったＩＴの一つ一つの要素を，顧客や組織に適合性を持たせた形

11

に構成するというイメージです。ソフトウェアもあれば，ハードウェアもあれば，それを保守するといったような機能を外部顧客であったり，内部のユーザーであったり，ＩＴサービスの提供先ごとに分類・整理し，さらには外部顧客向けの場合では，製品・サービスごと，顧客業態ごとなどで編成したりします。

　この段階になりますと，ＩＴにかかわる様々なリソース，機器，ソフトウェア，ＩＴ人材等がビジネス遂行という目的に合致しやすくなり，ムダ投資を抑えたり，経営効率の向上を進めることが可能です。

（ＩＴの成熟度レベル：高）

　この段階は，「企業文化に合わせて継続的な革新が伴う状態」です。非常に理想的な状態と言えますが，これはＩＴを使って企業のあり方そのものが変わってしまうのです。

　例えばグーグルなどが典型です。まずはもともとはWebページの全文検索からスタートしていますが，情報を必要とする人が意図どおりの情報を取得できることを支援するという理念を実現するため，グーグルマップ，グーグルアース，ストリートビューといった従来の発想を超えた情報の提供を行い，さらにはスマートフォンやタブレットといったパソコン以外の機器での利便性も考慮したサービスまで提供しています。既存の慣習や社会制度の枠組みはまず置いておいて，例えばどんどん書籍を電子化してしまう新しい企業の文化を持ち，革新力を持って進んでいきます。

　アップルなども同様で，従来ではアップルが提供しているポータブルなiPhone，iPad，といったようなものをＩＴの企業が提供して，一般社会に普及していくような形の発想がありませんでしたが，それが企業として革新力を持っていると既存の製品の枠組みをとび抜けた，非常に効果的なＩＴのサービスが生み出されていきます。そういった非常に高いレベルがこの段階です。

6　CIO業務の変化：ビジネス単位の成熟度レベル

　続いて，横軸の世界を見ていきましょう。ここでは「**ビジネス単位の成熟度レベル**」の推移を示しています。

低いレベル：この段階は比較的小さなビジネスの単位レベルでの運営が行われている状態です。例えば部門別のシステム，本社・工場・支店別のシステム，グローバルに展開している企業であっても，日本は日本，フランスはフランス，アメリカはアメリカ，ドイツはドイツといったような形で，バラバラに運営している状態です。現状の日本の企業は，このような状態が一般的ですので，イメージし易いと思います。

中位レベル：この段階ですと，グローバルレベルで事業を展開する企業におけるビジネス運営単位のエリア統合，になります。例えばアジアパシフィックエリアとか，欧州エリア，米国エリアという形で，広い領域で統合したビジネス単位に合致したIT運用です。

　例えば会計システム，特にERP（Enterprise Resource Planning＝統合業務パッケージソフトウェア）などでの典型的なケースですが，例えばある会社が50カ国に拠点を持っているとします。各国の各拠点にERPを入れるにあたり，勘定科目や取引先などのマスタを含めた設定の統合をどうするか，国別にすれば50種類になりますが，これを「エリア」という形でまとめることは効率的な導入・運用のための重要なポイントです。

　勘定科目体系を各国バラバラに入れて行くというアイディアはあります。なぜなら国ごとに制度も異なる，商慣習も異なる，ということでバラバラに設定して導入します。しかし，それだと効率性には問題が生じ，例えば財務数値を連結して作成するにあたり，国や拠点間の相互取引の内部取引の自動消去が難しくなるといった問題が生じます。そこで国より大きな範囲で階層化し，例えばエリアでまとめることで，ヨーロッパで一つ，アジアは一つ，アメリカ大陸で一つといったような単位での統合がされているという状況です。

ＥＲＰというアプリケーション・ソフトウェアの例をあげましたが，パソコンの機種や設定，サーバ・複合機といった周辺機器の統合も同様です。特に機器の調達にあたっては統合によるボリューム・ディスカウントやセキュリティ対策の管理のし易さなどのメリットがあります。

> **用語解説**
>
> 勘定科目体系の統一
>
> 　企業グループの国レベルや企業単位での勘定科目とコードを一覧で体系化します。
>
> 　勘定科目体系を国をまたがってグループ全体で統一すると，サブ元帳，もしくは組替で各国ローカル基準の財務諸表を作成します。その際には，主要業務プロセスをグローバル規模で把握し，勘定の性格（nature）そのもので定義します。

【図表１−８】勘定科目体系

会計システム設定の形の成熟化トレンド

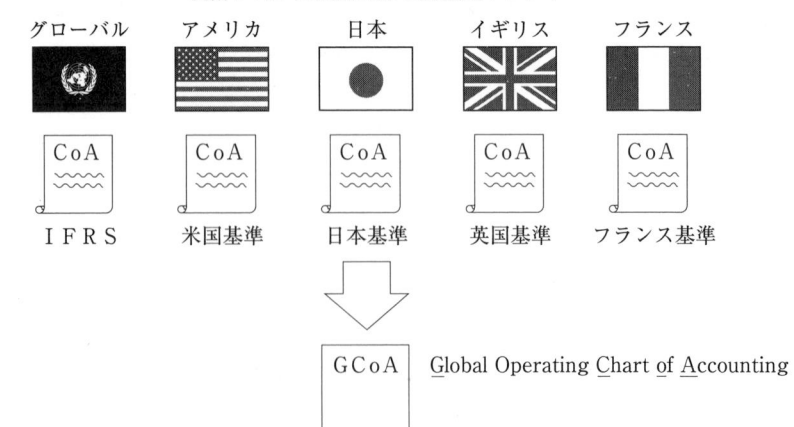

グローバル	アメリカ	日本	イギリス	フランス
CoA	CoA	CoA	CoA	CoA
ＩＦＲＳ	米国基準	日本基準	英国基準	フランス基準

GCoA　Global Operating Chart of Accounting

【図表1－9】ITの役割

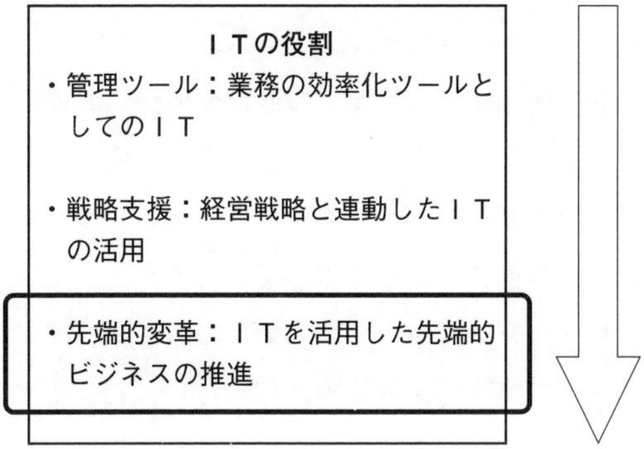

```
ITの役割
・管理ツール：業務の効率化ツールと
  してのIT

・戦略支援：経営戦略と連動したIT
  の活用

・先端的変革：ITを活用した先端的
  ビジネスの推進
```

7 CIO業務の変化：統合が最も進んだ高度なレベル

　さらに高度になると，国際的な協調が達成され，情報共有がなされた組織により各サービスラインが機能する状態ですが，グローバル全体で一つに統合されている段階です。インスタンスと言われる，ERPなどの経営管理システムの設定，またテンプレートを，国別のインスタンスではなく，エリア別のインスタンスも超え，シングル・インスタンスという全世界が一つのインスタンスで統合される状況です。これはITの統合というよりも，ビジネスが統合されている状況で初めて実現可能です。

　要するに，会計処理基準としてのグローバル統一会計基準をその企業が持っていて，会計処理も勘定科目も全部統一している，というビジネス領域での成熟度が上がっているということです。

用語解説

インスタンス

　オブジェクト指向（ソフトウェアの設計や開発において，操作手順よりも操作対象に重点を置く方法）のソフトウェア開発において，クラス（型）を基にした実際の値としてのデータのことを指します。メモリに配置されたデータの集合という見方もできます。

　例として，クラスを「国名，人口，領土の広さ」と設定したときに，そのインスタンス（実体）は「日本，128百万人，377千平方キロメートル」とあらわせます。

　プログラムを設計・開発する時に実際に扱われるのは，「クラス」ではなく「インスタンス」の方です。

【図表1－10】

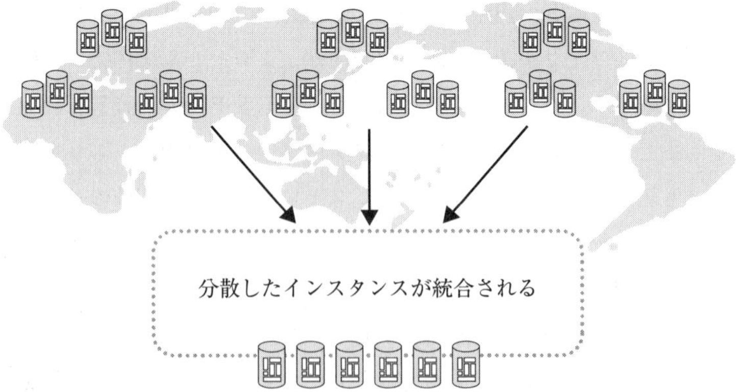

分散したインスタンスが統合される

メリット：システム運用工数の削減
デメリット：ビジネスや規制に対する柔軟性の欠如

第1章 変わりつつあるＣＩＯの業務

8 ＣＩＯ業務の変化：成熟度モデル

　こうして，前節まででお話したＩＴの成熟度とビジネスの成熟度の関係をまとめると，今後ＩＴサービスが追求していく方向性が見えてきます。

　この方向性として示されるのは，図（ＩＴとビジネスの成熟度モデル）の左下から右上へ向かう矢印の方向です。ここで矢印が示しているものは「ＩＴ戦略＆全体最適化」です。これが，ＩＴ成熟度とビジネス単位成熟度の組み合わせで示される全体的な成熟度の進むべき道を示しますが，ＩＴだけでの対応ではなく，必ずビジネスの成熟度向上と合わせた対応が必要となることをイメージしています。そのリード役がＣＩＯとなります。

　ＣＩＯは，常に右上の世界を目指していくということが必要です。左下の方で，ＩＴが単なる管理ツールであるところからスタートし，段階が上がってい

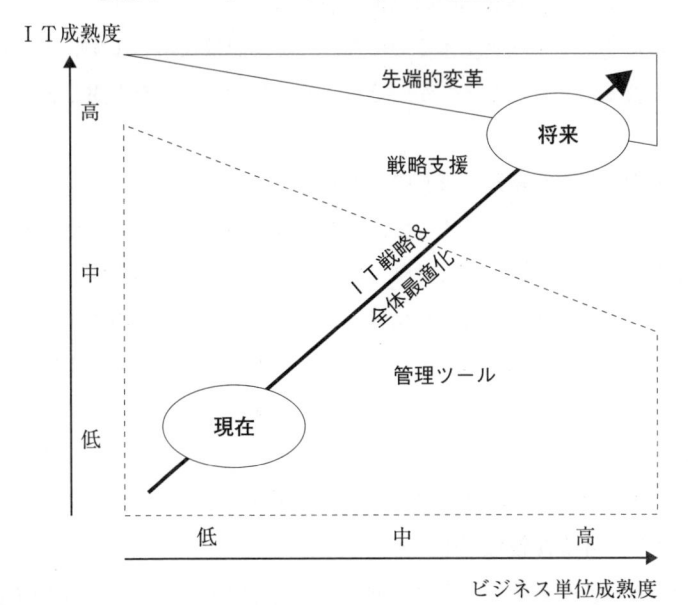

【図表１－11】　ＩＴとビジネスの成熟度モデル

くと戦略支援になるのですが，それを超えて先端的変革に至ることで，企業を非常に競争力の強い組織に導けるのです。これを実現している企業が最近の成功企業となっています。

9 CIO業務の変化：ビジネスとITのライフサイクル

さらにもう一つの要素として，ビジネスやITの寿命，すなわちライフサイクルが重要なポイントです。

経営環境の激変から，一つのビジネスのライフサイクルが短くなってきています。また，ITについても技術が絶えず変化していることから，IT設備投資をするにあたり有形固定資産として計上された機器をどういった期間で投資回収するのか，特にソフトウェアのような無形固定資産においては外観での陳腐化が見えにくく，回収期間の見積りが難しいのです。

いずれにせよIT投資は多くの場合，一定期間は使用します。その間に資産に計上されて償却処理しますが，そこでライフサイクルを考慮します。

① ライフサイクル管理「低」のレベル

企画して，制作して，運用して，クローズするといった，利用に関するライフサイクルについては，この段階ではあまり考慮されておらず，作ったところであまり先にこれがどうなるかは考えません。それでよくあるのが，安価に制作できたが，それは過度に安く作り過ぎてしまって，あとで運用コストがものすごくかかってしまい，結局トータル的には却ってお金がかかってしまうのが，この低いレベルです。ＴＣＯ（Total Cost of Ownership＝ＩＴシステムの導入，維持・管理などにかかる費用の総額）が考慮されていないのです。

② ライフサイクル管理「中」のレベル

中段階では，そのトータルコストとして，そのITのシステムの始まりから

第1章　変わりつつあるＣＩＯの業務

終わりまでトータルでどれだけ効率的になるのか，それはコストだけではなくて上がってくる収益も含めて考える段階にきます。

　企画書や起案書において，トータルコストとしての投資対効果などを記載するルールなどが構築され，さらに結果がモニタリングされ，対応がなされる，というプロセスが確立される段階です。

③　ライフサイクル管理「高」のレベル

　この段階は，前節における成熟度モデルの右上あたりに位置づけられるレベルです。現状のＩＴのライフサイクル管理だけでなく，将来のテクノロジーを予測し，ビジネスの方向性を予測し，グローバル視点まで含めたライフサイクル・コントロールのレベルです。

　従来型のＩＴサービスだけを選択肢とするのではなく，クラウドのような新しいＩＴサービス・モデルの活用により，従来固定化された投資であったものを流動的な投資として，ライフサイクルの短縮化に対応するといった発想を出していきます。

10　ＩＴ市場はどうなっているか

　ビジネスとＩＴの最近における関係のお話をしてきましたが，ビジネスという以上，市場を意識することが重要ですので，その一環として国内ＩＴ市場の動向について確認してみましょう。

　日本国内のＩＴ市場規模を示したデータに【図表１－12】があります。東日本大震災後のデータも示しており興味深いものです。これは国内のＩＴ市場規模予測ですが，2007年度から段々下降傾向にあり，現在においては大震災による影響もありまして再度下がってきている状態です。2007年まではＩＴの市場が拡大傾向にあったのですが，直近の数年の減少傾向の理由としては，景気の後退に伴うＩＴの投資の抑制があります。

なお，これだけが理由ではなく，ＩＴの様々な技術が進化してくると，ライトサイジングや，ダウンサイジングといった，機器の価格が下がり，これに連動してソフトウェアも安くなり，さらには無料で使えるようなサービスも多く出てくるので，全体的に金額的な単価自体が下がってきます。そういう状況においては，取引ボリュームが相当増えてこないと，なかなかマーケット・ボリューム自体が上がっていきません。

　現在，金額ベースでみると国内のＩＴ投資が抑えぎみの状況です。そのためＩＴ業界としては，様々なビジネスチャンスを検討しており，例えばＩＴの企業などはＩＦＲＳ（国際財務報告基準）の導入に伴うＩＴシステムの見直し，クラウドを活用したＢＰＯ（Business Process Outsourcing＝一部業務の外部への一括委託）等，新しく出てきたマーケットを取り込むことを常に模索している状況下です。従来型の市場でのＩＴの成長はあまり見込めず，新しい発想が必要です。

【図表１－12】国内ＩＴ市場規模推移予測

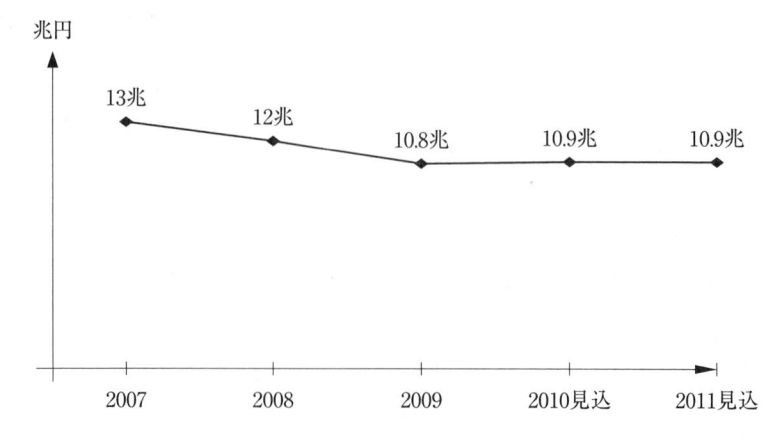

兆円

2007	2008	2009	2010見込	2011見込
13兆	12兆	10.8兆	10.9兆	10.9兆

11 「企業のIT化に関する現状調査」に示される日本の現状

まず,「企業のIT化に関する現状調査」にみる日本の現状を確認してみましょう。先ほど**成熟度モデル**というものがありましたが,一般的な日本企業が実際にどのステージに今いるのかを,経済産業省で実施した調査結果で確認してみましょう。

(第一段階)
　階段の形の第一段階,これは情報システムが導入される状態です。

(第二段階)
　第二段階は,部門内で情報システムが活用されます。
　「部門」という言葉にはいろいろな意味があります。
　一例として,日本の大規模メーカーは全国に工場を持っていますが,こういった大企業は,昔は工場ごとに別々のシステムを採用していました。完全にバラバラのシステムです。一般的な日本の企業は,先ほどのインスタンスということでも,国よりさらに分かれており,会社ごとのインスタンスとか,事業部ごとのインスタンスとか,そういったように細かく分かれているケースが多いのです。これは会計システムだけではなく,例えば人事システムもしかり,いろんなデータベース共有のシステムもしかりで,どうしてもITシステムの活用が部門の壁をなかなか越えませんでした。

(第三段階)
　第三段階は,企業内での情報システムの最適化です。
　各部門がそれぞれ使い勝手のよいシステムをバラバラに開発・運用していると,企業全体としては,システムの重複や不整合が生じます。これは,システムの機能そのものだけでなく,例えば顧客マスタ等のシステムに登録されている情報のメンテナンスの手間が各部門でそれぞれ必要になるとか,登録されている情報の不整合(同じ顧客が別なデータとして認識されて正しい情報をシステムから取れないような事象が生じる)などが問題となるため,それを全社的

【図表1-13】「企業のIT化に関する現状調査」にみる日本の現状

日本のITステージの現状

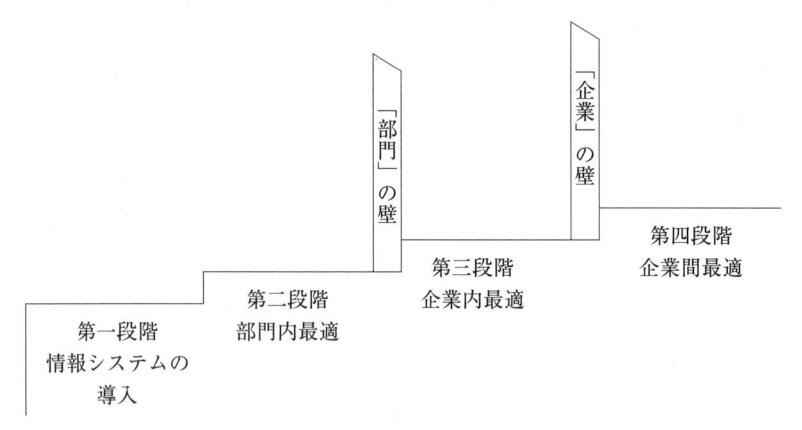

```
                                            ┌──────┐
                                            │「企業」│
                                            │ の壁 │
                              ┌──────┐      └──────┘
                              │「部門」│
                              │ の壁 │          第四段階
                              └──────┘          企業間最適
                                   第三段階
                                   企業内最適
                       第二段階
                       部門内最適
        第一段階
        情報システムの
        導入
```

に統合した形のシステムにしていこう，という段階です。

　システムの統合が部門の壁を越えると，今度は企業全体で統合されてきますが，この段階になると企業全体の最適化の対応のための効率性を追求するための要素，ボリュームの増による調達コストの低減，システムの重複の回避等の施策がし易くなります。大きい単位のほうが物事は安く効率的に行えますが，この段階はそうです。

（第四段階）

　さらに，第四段階は企業間最適です。企業の活動というのは当然自社内だけでなく，顧客や仕入先や外注先との関係があるので，それらの取引先との双方向での電子商取引が実現してくるとさらなる効率化が図れます。

　例えば物の出荷データは，従来型のスタイルでは，ある商品に納品書が発行・添付され，商品を受け取った方はその納品書を見て，入荷のインプット作業を行いますが，電子取引の場合，納品データがもうそのまま客先の仕入データとして取り込まれることも可能で，さらに全世界的に電子商取引データが繋がってくると，取引を行う双方の企業の効率化につながり社会的な便益もあがります。

12 今の日本の状態は？

　日本は，第二段階から第三段階で，まだなかなか企業全体としての統合までも至っていないという状況です。特に企業という組織には，個別の株式会社で構成される企業グループがあり，大企業グループの場合には何百という会社があり，そのすべての個別企業のシステムが完全には統合されていません。システムの種類にもよりますが，グループ内のそれぞれの会社がそれぞれのシステムを持っているケースも多く，それが全体に統合されているケースは日本の企業ではまだまだ少ない状況です。

　これが欧米の企業ですとかなり統合が進んでおり，これは企業経営のスタイルがトップダウン型かボトムアップ型かという違いもあり，日本企業は後者が多いのですが，そういった経営スタイルですとシステムの統合はなかなか難しいのです。先のＥＲＰシステムにおけるインスタンスも，日本企業は同じ企業グループ内でも個別企業別になっているケースが多いのです。

　特にグローバルに活動している企業で，海外に多くの子会社を持っている日本企業の場合でも，海外の米国地域でのシステムの統合，欧州地域でのシステムの統合がされていても，日本の本社とは統合されていないケースも多いのです。

　これにはいろいろな理由があり，言語の問題のような，日本では日本語が必要であるが，その他の国はすべて英語に統一ができるとか，ビジネス上の背景に起因するところが大きいです。日本ではグローバル企業であっても日本語が圧倒的主流であり，海外のグローバル企業では一般的に英語でビジネスしているので，そこがかなり違います。

　また，日本の商慣習というのはかなり欧米とは違っていて，どうしてもシステムに影響を及ぼします。手形とか銀行振り込みとか日本特有の取引に対応する部分を世界共通にするのはなかなか難しいところです。

　一つの理由としては，最近落ち込んでいるといっても，日本は国内需要が大

きく，ＧＤＰが世界3位ということもあり，どんな大きなグローバル企業といっても，やはり日本国内の市場への対応が非常に強いのです。海外に出ていく部分は別に考えたほうがよい，ということもあり，それがシステムの構成にも影響を与えてしまいます。

ところが，欧州の企業は，個別の国としての需要もありますが，近隣諸国との取引関係が強く，これはイギリスにしても，フランスにしても，ドイツにしてもそうですが，国外の需要も相当に意識しなければなりません。国どうしの距離が近く，またアメリカとの関係でも大西洋を越えた程度の距離で言語も英語で特に問題がないので，クロスボーダーなビジネスが成立し易いです。

なお，アメリカも実は自国の経済が非常に大きく，国内市場向けのビジネスが大きいですが，言語が英語であるので，グローバルに共通での取引がし易いです。もし，日本語が世界の共通言語だったら，日本がアメリカのようになっている可能性もありますが，このようなビジネスの背景がグローバルベースでのＩＴ統合が進まない理由の一つになっています。「企業のＩＴ化に関する現状調査」での統計でもこういった傾向が明らかになっています。

13　IT戦略を国際比較してみる

社会システムの性質の違い

　企業のIT戦略に関して，国際比較をしてみましょう。

　システムの性格でみた場合，以下の二つに分類できます。

・基幹系システム
・情報系システム

　日本の企業は「**基幹系システム**」が主流だと言われています。基幹系システムとは，その会社がメインに管理するシステムで，会計・人事・販売管理・購買管理など，その会社の業務の基幹を扱うようなシステムです。ですから，人事・給与・会計，製品の受発注などの定常的業務といった会社のメインのところを効率的に行うところに強みがあるのが特徴です。

　一方，米国企業の方は「**情報系システム**」の活用が進んでいます。こちらは経営戦略サポートや市場分析・顧客開発などの企業内データをより高度に解析するのが目的です。ですから，いろいろ経営意思決定支援のための基礎情報を得るためのシステム構築が米国の企業というのは非常に優れています。日本の場合は意外とこの情報系は国際的にみて比較的弱く，経営意思決定支援のシステムも，コンサルティングも，基幹系システムほどは従来あまりニーズがないのが現実でした。

　ここも先ほどのように国ごとの背景が恐らくあると感じます。トップダウン型，ボトムアップ型という違いもありますが，欧米では社会自体が職能型社会になっていて，企業ではそこに働いている人の役割が明確に分かれていて，例えばこの人の職能は経営，この人は現場の作業，と分化しています。そのため，雇用にあたっては職能によって給与体系や人事評価基準が明確になっています。

　日本の企業はそうではありません。就く職種を事前に決め打ちせずに，比較的漠然と，全員同じように扱う前提で最初に雇用します。極端な話をすれば，

日本の企業では新入社員は全員将来社長になる可能性を秘めていますが，欧米では社長はプロの経営者を外から雇ってくることも一般的です。

　日本では企業の人材育成の過程で，これから企業の中で長い期間をかけて育てていく形になります。そうすると，経営の専門家を特別に育てているわけではなく，ほとんど全員が経営者になる可能性も持ちつつ実務を担当しています。

　このような企業文化が背景にあるため，ITシステムの構築にあたっても，経営者からのトップダウンのニーズより，各部門の要望が重視されます。これは，個々の社員に一定の経営的な役割が割り振られているという特徴に基づくものと考えられます。

　米国は上部階層のエグゼクティブだけが経営に関与していて，下は指揮に従うという形です。そうすると，結局情報を集めて，それを分析しないと経営できませんが，日本の場合は全体的に下の方では下のレベルのマネジメントをするし，ミドルはミドルのマネジメントをするし，しかも，その中間ぐらいの人もそれなりに会社全体を考える環境にあるなど，マネジメントのあり方が非常に錯綜している状況です。

　こういった特徴が，ITのあり方にも影響を及ぼしています。

14　経営戦略実現のツールとして

　企業がITを経営戦略実現のためのツールとしてどの程度の重きを置いているかについては，日本，アメリカ，韓国を対象に調査研究が行われており，この結果が興味深い事実を示しています[2]。この３カ国を比較すると，ITを経営戦略において最も高く位置付けているのは米国企業であり，その次に日本企業，最後に韓国企業とあります。

　この調査は日本とアメリカと韓国という限られた国を対象としているにすぎないのでグローバル全体としての現状は示していません。経営という観点では，前述した背景もあり，米国企業はやはりどうしても経営のところの機能を経営者に集約し，経営の専門家は経営者というように重視しているので，このような結果になるのは納得しやすい結果です。

①　ITシステムの外注先

　ITシステムの外注先について取り上げてみても，アメリカ的な考え方では技術動向を把握するためのパートナーという位置付けですが，日本企業はコスト削減のアウトソース先と位置付ける企業が多く，立ち位置に顕著な違いが見られます。米国企業というのは日本企業と比較すると組織の機能を明確に分けています。例えば技術動向ですが，ITの技術動向にはこういう技術があるから，我々のビジネスも変えようというのもその道の専門家に任せてしまいます。この際には，企業内にも専門家がいるし，外部の高度な専門家を活用することも多いのです。

　一方で，日本の企業は，社内で人材を育てるというアプローチをしますので，戦略など「考える」部分は，ほとんど社内の人的リソースで対処する傾向があります。そのため外部に委託する部分は，システム化することによって効率化して，コスト削減するということで，あまり経営そのものではなくて，作業の

（2）　経済産業研究所（2007）『IT戦略と企業パフォーマンスに関する日米韓の国際比較』

効率化に重点が置かれている傾向があります。

② 会社経営の考え方

　これは実はIT分野だけに限定された話ではなく，会計事務所系，コンサルティング会社といったプロフェッショナル・ファームも同じような形です。米国の会社は会社を運営するのに必要最低限の人間で構成していて，経理であっても経理を日常とする人の分しか人がいないのです。前述した職能型ということですが，この人は財務の調達だけの担当，この人は主計的な会計処理だけ担当，この人は税金だけの担当と役割を明確化します。例えば何か新しいことがあって，今度企業を買収することになったので，買収についての企業結合の会計処理について検討しなければならないというときに，米国の場合はこのような非定形業務について担当できる人材が社内にはいないときには，どこか専門的な支援サービスを行う会社に任せることになるのです。ところが，日本の場合はそうではなくて，社内で経理部の中でもそれぞれ特定のところをある程度アサインはされますが，実際にはジェネラル・マネージャー型というか，多様な事態に対応できるような人材が比較的育っていて，ある程度余力を持ちながら仕事をしています。例えば合併みたいな話がそこに出てくると，みなさんの業務時間の100ある時間のうち，10ぐらいを貸してくださいとなります。そうすると，10人が10貸すと100になります。それで，みんなで共同でその社内でやっていきましょうという形になるので，外に仕事を出さない傾向があります。

　日本の企業を内側から見ると，実はあまり外に対するコンサルティングの発注とか，そういうものはそう頻繁ではないのが実情です。先ほどのITと同じで，作業そのものの外注は行うのですが，戦略など考える部分についてはあまり出さないわけです。

　こういった社会システムの違いから，サービス提供に対する需要の違いがあり，国における組織あり方，雇用のあり方とかの違い，そういったものがこういったビジネスモデルに大きな影響を与えます。

　例えばアメリカの会社が来て，日本はコンサルの売上が少ないから頑張ろうとしても，もともとそれを買う企業が少ないため，外資のコンサルタント会社

第1章 変わりつつあるＣＩＯの業務

が日本市場に食い込む下地がないのです。当然の帰結として，なんだか日本市場ではコンサル業務が売れないけど，日本市場はおかしいなあ，ということで，そのまま日本の市場から撤退することも結構多いのです。

そういったように国ごとに企業文化，社会の慣習というところを捉えないとなかなかビジネスはうまくいきません。ＩＴの世界も例外ではありません。

15 ビジネスとＩＴにおける最近のトレンド

ここでは最近におけるＩＴとビジネスの関係の全体像を示してみましょう。当たり前のような項目もありますが，要素の再整理をしてみます。

① 24時間／1週間／365日 いつもＩＴが利用可能

日常のＩＴ運用として，様々なオペレーション，運用モデル，ＩＴセキュリティ，ＩＴコスト管理などがあります。こういった利用可能性（可用性）が，ＩＴの要素の一番ベースとなる部分です。

② ビジネスとの適合性（ビジネス・アラインメント）

・ＩＴ戦略と調達

・システム開発の最適化

・ポートフォリオ・プランニング

ＩＴを使った戦略，最適化，ポートフォリオと呼ばれる，組織におけるＩＴの活用の効率化を実現していくための計画・管理が重要になります。これらを踏まえて，どういったＩＴのサービスを提供するかということを提示するサービスカタログの作成につながります。これらのＩＴに関するトピックを今度はビジネスに適合させていく部分がでてくるということです。

③ 差別化をはかるためのサービス視点

（企業経営の視点）

・シェアード・サービスとグローバル展開

　　人事や経理，総務，そして情報システムなどの企業の間接業務をグループ内の１カ所に集約し，コストの低減を図る経営手法を指します。各地域や部門に分散されて配置されていた間接業務を一所に集約することで規模の経済（スケールメリット）が追求でき，また同種の業務を繰り返すことでサービスの質の向上も見込まれます。

　　シェアード・サービス設置には，分社化や別部門の設置など様々な手法がありますが，グローバル展開企業では人件費の削減効果が高い新興国，例えばインドやアジアの新興国にシェアード・サービス会社を設置することが近頃よく見られます。

・ビジネス・インテリジェンス（ＢＩ）

　　業務システムから得られるデータを，分析して，企業の意思決定に活用する。ＥＲＰパッケージやＣＲＭ（Customer Relationship Management）ソフトなどのデータを分析して，経営計画や企業戦略などに活用するというニーズがあります。

（ＩＴの業態からの視点）

　持続可能な，俊敏性と柔軟性を備えたＩＴアーキテクチャーの構築の視点です。

　基本的ですが，ユーザーの要望を満たすＩＴサービスの提供がこの視点を取る時の前提になります。

　アプリケーションについては，アクセスが保証され，適切に制御でき，変更や追加が容易なものが求められます。

（対顧客の視点）

　サービス内容の周知をすること，利用が容易であること，のようにサービスを利用する立場であるユーザー側の目線で絶えず考えることが，第一に求められます。

16　ＣＩＯに求められる能力

　ＣＩＯには，どんな能力が求められているか。これを考えるには，今までのＣＩＯを取り巻く歴史を考えるとわかりやすいです。

　ＣＩＯに求められる能力は時代とともに変化してきました。

　ＣＩＯの概念が定義されたのは，1980年代初頭で，米国の金融機関の副社長兼ＣＩＯであった，シノット（W. R. Synott）がＣＩＯを「情報管理を担当する最高の経営管理者」と定義したのが最初と言われています。この時点では，「ＩＴ管理」がＣＩＯに求められる主な役割であり，この役割を満たす能力，どちらかというと，ＩＴ管理に不可欠な技術面での知識を兼ね備えた人材が求められていました。

　その後，ＣＩＯに求められる能力は時代とともに変遷してきました。

　1990年代には，ＩＴ戦略や業務革新，研究開発，とＣＩＯが扱う領域が拡大していきました。このような環境では，情報システムの技術に対する理解のみならず，経営を担当する上級エグゼクティブへいかに経営に関するアドバイスを行えるか，そしてこのアドバイスが単なる助言にとどまらず，情報システムを有効に用いた業務プロセス改革につながるか，こうした経営に対する知識が求められるようになったのが特徴です。

　そして2000年以降は企業を取り巻く環境変化がより一層激化したのは周知のとおりです。ＩＴ技術面，経営に対するアドバイザー，プロセス改革をもたらすイノベーターとしての役割を担い，ＣＩＯが扱う対象は広がりこそすれ，狭まることは今のところないのが現状です。このなかで，コミュニケーション能力や，組織を導くリーダーシップなど，単なる技術屋さんではもはや済まされない経営環境にＣＩＯは直面しています。

　これからのＣＩＯに求められる能力，それは，ＩＴと経営をいかに融合していくか，トータルな能力を持つ，より一層高度な人材が求められています。

【図表1−14】

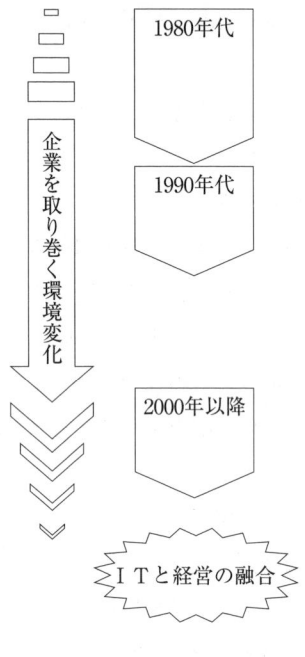

企業を取り巻く環境変化

1980年代
Synott（1981）　情報管理を担当する最高の経営責任者
➡ IT管理能力（技術面）

1990年代
ＩＴ戦略
業務革新　｝扱う領域の拡大
研究開発
➡ 情報システムの技術に対する理解
　経営陣への報告・助言
　情報システムを用いた業務プロセス改革

2000年以降
さらなる対象の拡大
➡ コミュニケーション能力
　リーダーシップ

ＩＴと経営の融合
技術的能力を超えて，
経営の戦略立案能力　｝が求められる
組織変革能力

第1章 変わりつつあるＣＩＯの業務

17 ＣＩＯに求められる役割（機能）

　ＣＩＯは，企業のＩＴの責任者という役割を担うのですが，ＣＩＯの機能とはどういうものがあるかを整理しておきましょう。諸説ありますが，一般的には以下のような内容に集約されます

① ＩＴ戦略の策定

　まずＩＴ戦略を策定しなければなりません。何か対応すべき事象が出てきたらやみくもにＩＴ化するのではなくて，まず全体の戦略が必要です。ＩＴ戦略の前には経営戦略が存在し，その策定はＣＥＯの役割で，それを受けた形でＩＴ戦略をＣＩＯが立案します。

② 安定的なＩＴサービスの提供

　先ほどの365日毎日動かしていかなければならないＩＴの機能があるので，ＣＩＯは安定的なＩＴ機能というものを構築して運用されるようにしなければなりません。

③ ＩＴマネジメント体制の確立

　ＩＴマネジメント体制の確立で，ＩＴを運用していくための組織体制を作っていくのもＣＩＯの機能です。さらに，ＩＴの投資評価では，特に最近はビジネスにおけるＩＴの重要性の高まりとともに，ＩＴ投資にお金がかかります。

　投資意思決定の判断の際には，その瞬間の投資が高い，安いというだけではなくて，総合的にこのシステムに関連したビジネスのライフサイクルや，システムのライフサイクルでその投資対効果はどうなのか，を考えなければなりません。投資意思決定の技術論では，ディスカウンテッド・キャッシュフローを使って数値を出して評価しますが，そういう方法論も含めて，ＣＩＯが担います。

　また，ＩＴもやはり人がやることなので，ＩＴ人材の育成活用が重要です。

　さらに情報を扱う責任者として，情報セキュリティ，情報管理も重要な機能の一つになります。

ＣＩＯの役割としては，まずＩＴの投資対効果について言えば，これを可視化していかなければなりません。そのＩＴの投資は本当に役に立っているのか，いないのか，がよく分からないところが従来はありました。

　その理由としては，ＩＴの投資が，昔はパソコンを買ってきたとか，サーバーを買ってきて給与計算させるような割と単純なものだったので，任務が明快でした。しかし，最近はビジネスのありとあらゆる局面で，外部との取引やコミュニケーションもＣＩＯの担当する範囲に含まれます。

　ＩＴ投資の重要性そのものが上がってきているために可視化をしなければならないこともあり，投資効果に関する経営者の意識が高まっている状況です。この説明責任を全うするために，より深いコストベネフィットに関する説明が求められています。

　コストコントロールというのも一つのＣＩＯの役割ですが，これも単純にコストだけを下げるのではなく，コストを下げることがビジネスの遂行に悪影響を与えることもあるため，複眼的な視座に立って考えなければなりません。ただ単純に給与計算だけをやるといったプロセスのシステム化であれば，それは安ければ安い方がよいのですが，例えばＩＴの機能を使って，楽天やアマゾンのような新しいビジネスを実行する場合は，ＩＴの機能によって売上そのものに影響が出てきてしまうので，必ずしも安くすればよいことにはなりません。すなわち，費用対効果を考えなければならないのです。高い投資であっても，それを上回る効果が得られればよいのです。

18 ITリスクマネジメント

　もう一つ重要なポイントとして，ITリスクマネジメントという分野があります。IT自体が重要性を増してきてビジネスに密接に繋がってくると，情報漏えいの問題など，一方でリスクをはらんできます。ネットワークに繋いで広範に繋げば繋ぐほどビジネスの機会は広がっていき，それが売上拡大につながっていきますが，同時にアクセスの範囲が広がり，同時にリスクも高まっていきます。

　銀行などでも，我々が使用するATM端末，行員も同じような勘定系のシステムの端末で仕事をしています。そうすると，ITが落ちてしまうと，ATMが止まるだけではなくて，銀行の仕事も全部止まってしまいます。止まったときに発生する損失は，昔であれば，例えば紙の書類に手書きで代替できたのですが，現在はほとんどの業務がIT化しているので，ITのシステムが動かないと，仕事そのものもまったく動きません。こういったことは「可用性」といった言葉で示されます。

　仕事が動かないので収入も生まれない，キャッシュフローも生まれないということで，ITが安定的に運用されないときのリスクが従来に比べて飛躍的に高まってきています。

　情報漏えい，システムの停止，またテクノロジーの画期的な発達によって急激に棚卸資産やサービスが陳腐化してしまうこともあります。例えばiPadや，スマートフォンが出てくると，パソコンのビジネスが急に苦しくなって売上が落ちてしまうリスクもあって，CIOは常にIT関連のところでどのようなリスクが発生するかということを押さえておかなければなりません。

【図表1−15】CIOの役割

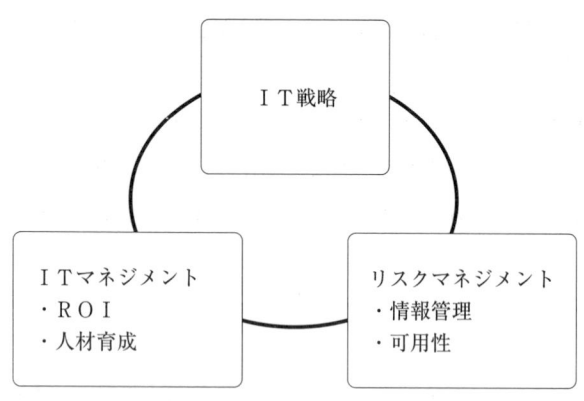

- IT戦略
- ITマネジメント
  ・ROI
  ・人材育成
- リスクマネジメント
  ・情報管理
  ・可用性

19 様々な機器がIP化していく

　最近では，IP化によるシステム部門の管理範囲が拡大しています。IPとはインターネットプロトコルですが，よく数字で，パソコンのようなIT機器をネットワークに接続する際に住所のようなものが付いています。それはパソコンだけではなく，いろいろなITのネットワークに繋がっている機器は全部そのネットワーク上の住所が付いています。電話などは，以前はITのネットワーク機器になると多くの人は考えてもいなかったのですが，IPが割り振られてネットワーク機器になってきています。電話だけでなく過去にあまりネットワークに関係ないような機器がどんどんネットワークに組み込まれてきています。電話，コピー機，ビデオなどのAV機器などは，以前は一個一個の単なるファシリティとして，企業の総務部門が備品という形で管理をしていました。

　ところが，最近は電話，携帯もそうですし，固定電話もIP化，ネットワークに繋ぐ通信カードなどもみなIPが付いています。コピー機も従来は単にコピーするだけのものでしたが，最近はネットワークに繋がって複合機型になっ

第1章 変わりつつあるCIOの業務

ていて，プリンターになり，ファクスになり，コピーしたものが電子化されてそれをまたどこかに送ったりと，コピー機自体も単なる備品ではなくてコンピュータ・ネットワークの中の一つの機器になってきています。

　AV機器についても，これは一般家庭でも同じですが，最近はテレビにしても，DVDレコーダーにしても，みなネットワーク接続が前提となっています。このような機器にも全部IPアドレスがふられてコンピュータ・ネットワークの一部を構成してきています。これは会社やお店でも同じです。そうなってくると，今度は単体の話ではなくて，全体をネットワークとして管理しなければならないので，ITの管轄に全部入ってきます。それを何で区別するのかはネットワーク接続，IPを持つかどうかです。いまありとあらゆる物がIPを持ってきているので，どんどん情報システム部門での管理対象が広がってきています。

　蛍光管などは現在は単なる機器ですが，今後はスマートグリッドなどでいわゆる電力の全体的な最適化を進める場合，IPを付与してネットワーク機器としてコントロールするというアイディアも具現化してくるでしょうし，電気自動車なども対象になるかもしれません。従来の総務的な管理が行われていたものがITの一部となり，管理対象が広がっていきます。

　結果，CIOの責任範囲が広がっていくわけです。

【図表1-16】

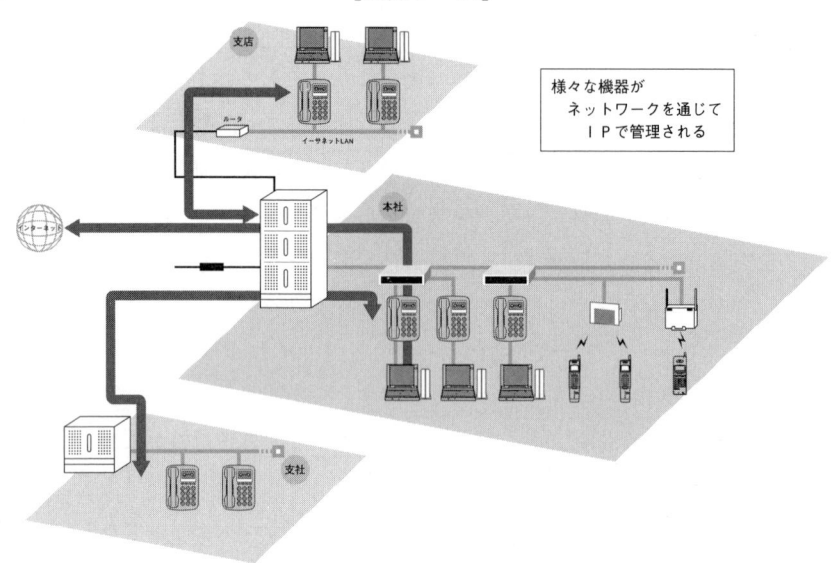

様々な機器が
ネットワークを通じて
IPで管理される

20　短くなるシステムライフサイクル

　システムライフサイクルの短縮化ですが，これもやはり劇的にＩＴの技術進歩，経済環境が非常に激しく変わってきていることや，グローバルな話では新興国の台頭などによる市場の変化などが要因となっています。
　従来型のビジネスモデルが新しいビジネスモデルによって破壊されて，企業が継続できなくなってしまうなど，とくにこれはＩＴ技術で，例えばアマゾン，楽天が出てくると，従来型の流通産業は非常に競争が激しくなってきています。
　技術もどんどん発展しますので，ここ最近で注目すべきは，通信速度が非常に早くなっていることです。いまｉPadや，スマートフォンで，いろいろな情報を入手したり，ゲームをしたりしていますが，通信速度は10年前には現在のような通信速度はなく，このようなことはできなかったのです。技術的には可能でしたが，その当時のパフォーマンスですと，ビデオゲームでも，打って敵に当たるまで１時間後だったと思います。いまは普通にリアルタイムでゲームができてしまうのは，通信速度の向上，また通信コストの低減が大きな変化の要因です。
　通信コストが安くなりパフォーマンスも向上しているので，パソコンなどでも従来，手元にすべてのハードウェアがあったものが，通信速度が速いためシンクライアントのようにリモートでハードウェアを利用することも実用化されています。
　サーバー上に全部置いておいて，もう手元のところは少しでよいため，最近のスマートフォンや，ｉPadはそうなっていますが，その機器自体のパフォーマンスが低くても，どこかネットワークの先に高い性能のものがあれば実用的に使えます。
　このように新しい技術がどんどん出てくると，現在のハードウェアやソフトウェアが使える期間がどんどん短くなってしまいます。また，通信インフラが改善することによって，従来はコンピュータそのものの性能が重要でしたが，

今後はネットワークの先にあるものの方が重要になってきます。すると，ＩＴの寿命というのは短縮化してくる傾向にあります。

　ライフサイクルの短縮化は技術面以外での環境の変化にも影響を受けています。

　一つは人材リソースです。ＣＩＯの役割の一つに人材の管理がありますが，ライフサイクルは何を示しているのでしょうか。例えばいままでは社内システムにアプリケーションを構築するための人材が必要であったものが，クラウド上にシステム構築するとか，ウェブ系の新しい技術が必要であるとか，プログラミングそのものよりも，できているソフトウェアの部品をどう組み合わせるかという発想の方が大事になってきていますので，そういったことに対応できる人材が必要になってきました。すると，人材そのものが環境の変化についていけなくなることがあり，人材リソースのライフサイクルも激しく変化しています。

　ＣＩＯは，そういったところも意識して人材リソースの育て方そのものを変えなければならないのです。

第1章 変わりつつあるＣＩＯの業務

21 現在のビジネスはいつまでもつのか

　さらに重要なのはビジネスのライフサイクルで，それの前提になっているのはビジネスそのものです。現在行っているビジネスはどのぐらいもつのか，というライフサイクルです。

　永遠に続くビジネスモデルは基本的にはありません。確かに200年ぐらい続いている企業などもありますが，その200年続いている企業でもずっと同じことをしていたかというとそんなことはなく，時代に合わせてビジネスモデルを変えてきています。最近では，若いビジネスマンが紙の新聞ではなく，ウェブのニュースを読むようになり，首都圏のサラリーマン向け新聞の場合には，売上が下がってきています。紙の新聞を読んでいた団塊の世代が一気に現役を引退し，読者の質が変わってしまったのです。また，企業がいろいろ効率化して就職も厳しいという状況もあり，宅配の紙の新聞を読む人はだんだん減っています。

　そこで，電子版が開発されて，新しい新聞の形が作られつつあります。スマートフォンの普及ともあいまって，ますます新聞のモデルは変わってきています。

　そうなると輪転機にお金をかけるよりも，新聞のウェブサーバーにお金をかけた方がよくなり，人間のリソースも版組みなどをやる人よりも，ウェブのデザインをやるような人の方が必要というように変わってきます。

　こういったビジネスのライフサイクルの短縮化がＩＴシステムのライフサイクルにも影響を与えています。

　このような環境下において，ＣＩＯとしては，ゆったりと構えてはいられず，常に時代に追われることになり，常に経営を意識せざるを得ない事態になっています。

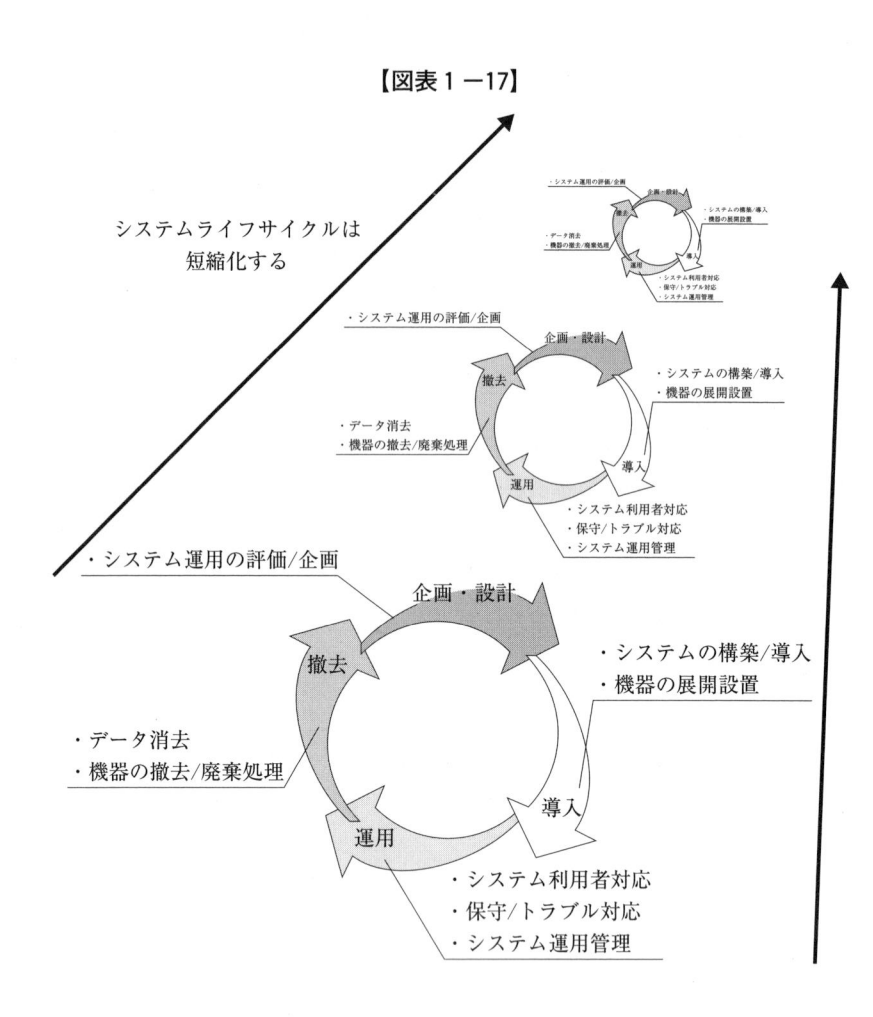

【図表1−17】

システムライフサイクルは
短縮化する

・システム運用の評価/企画

企画・設計

撤去

・システムの構築/導入
・機器の展開設置

・データ消去
・機器の撤去/廃棄処理

運用

導入

・システム利用者対応
・保守/トラブル対応
・システム運用管理

第1章 変わりつつあるCIOの業務

用語解説

シンクライアントとは？？

企業の情報システム構築にあたり，従業員が利用するコンピュータ（いわゆる「クライアント側」）には，作業を行うために必要な最低限の機能しか備えず，会社側のサーバに業務に必要なアプリケーション・ソフトやデータファイルなどのITリソースを管理するシステムを指します。また，このようなシステムを構築する場合に，各従業員が保有する機能が制限されたクライアント用コンピュータのことを指すこともあり，機能が絞られていることから，低価格で調達が可能になります。

22 経営を考えること

これまでも述べましたように，企業経営においてITとビジネスとの適合性が非常に重要になってきています。IT投資・運用・廃止といったシステムのライフサイクルを考えるにあたっては，どうしても経営を意識しなければなりません。

ITを考えるにあたってIT単独，ただ毎日プリンターが動いて，メールが送れてということではなくて，そのITを活用することによってどうやってビジネスを伸ばしていくのか，経営を効率化していくのか，を常に意識していなければなりません。

結局，そこがビジネス機会の拡張や売上の増加に当然つながってくるわけですが，さらには利益への影響もあり，コストとの関係も重要です。ITにより効率化することによって，最終的な利益の増加をめざします。

利益を増やすには，売上を伸ばすか，コストも減らすことが必要ですが，そのためにITが非常に重要視されています。特に先ほどのライフサイクルは重

要です。今期だけ安ければいいとかではなくて，企業が継続していくにあたって，ずっとその将来の財務体質の強化に向かってもどのような影響を与えるのかを考えていかなければならないのです。

23 「利益」を生み出すために

　会計上の「利益」という言葉には，専門的には複数のものがあります。売上総利益，営業利益，経常利益，税引前利益，当期純利益といったものです。

【図表1-18】損益計算書のイメージ

損益計算書	
売上高	×,×××
売上原価	×,×××
売上総利益	×,×××
販売費一般管理費	×,×××
営業利益	×,×××
営業外損益	×,×××
経常利益	×,×××
特別損益	×,×××
税引前利益	×,×××
税金等	×,×××
当期純利益	×,×××

　特に当期純利益は企業の最終のキャッシュ的な価値と結びつくものです。これは税金を支払ったのちに残った利益ですが，ＩＴの範囲が広がってきたことによって，例えばそのＩＴの資産化の処理，特に無形資産ですが，ソフトウェアや，権利関係といったものが会計処理上，資産化されて，償却されて，費用化するときに，税金計算のルールと会計のルールに異なるところがあるため，

第1章 変わりつつあるCIOの業務

会計的には一時差異の発生項目となって，最後には当期純利益にも影響してくることになります。そういった税金計算と会計とがマッチングしない部分の範囲が広がってきており，従来，ITの責任者は税金の部分などはあまり意識しなくてもよかったのですが，最近の傾向としてCIOが，実は税金にかかわる分野まで管轄するようになりました。だから，ソフトウェアや，ITインフラ・システムを作ったときに，どういう会計処理になって，最終的に税効果も含めてどのぐらいになるのかまで考えなければならないというところまで，CIOの役割が広がり，CIOの業務は変化しています。

用語解説

一時差異

　一時差異とは，財務会計上の利益と，税務会計（税務申告の課税所得算定）上の所得との一時的なズレを引き起こし，翌期以降でその差異が解消されるものを指します。例えば減価償却費において，税務ルールと会計ルールが異なった場合の差異は，減価償却が進んでいくと自然に解消されていくため「一時」の差異です。

　税金は「益金」から「損金」を控除した「課税所得」に税率を掛け合わせて計算されます。

　財務会計上で「収益」や「費用」として識別される項目が，課税所得計算の際に当然「益金」や「損金」として識別されるとは限りません。その調整項目が一時差異です。

　一時差異は，将来加算一時差異（将来の納付税金を押し上げる効果を持つもの）と将来減算一時差異（将来の納付税金を押し下げる効果を持つもの）に分類されます。

【図表1－19】

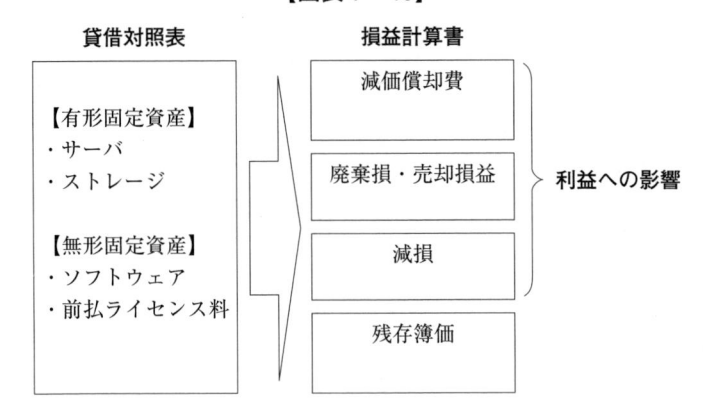

貸借対照表	損益計算書	
【有形固定資産】 ・サーバ ・ストレージ 【無形固定資産】 ・ソフトウェア ・前払ライセンス料	減価償却費 廃棄損・売却損益 減損 残存簿価	} 利益への影響

第2章 ITを「戦略」として考える

1 ICTを活用した経営革新とは
2 お金の話としてのIT投資
3 「経理・財務」の観点でIT投資をみると・・・
4 コンプライアンス，ガバナンス，CSRとの関係は？
5 ITは「見えない資産」
6 情報セキュリティの値打ち
7 ナレッジ・マネジメントの広がり
8 形式知と暗黙知

1　ICTを活用した経営革新とは

　CIOはご存じの通り，Chief Information Officer の略で，企業を取り巻く「情報」に関して責任を持つ役職と一般的に言われていますが，近頃この「Ｉ」の部分を「Innovation」として役職の性格を考えるべきだ，という意見が見受けられるようになりました。近年のビジネス環境のライフサイクル変化のスピードと，企業を取り巻く環境の変化の幅の大きさを考えると，すでに「情報」だけを管轄しているだけでは不十分であり，この意見にもうなずけるものがあります。

　CIOは，イノベーションをもたらす人，すなわち，企業変革を担う戦士である，と言っても過言ではないでしょう。イノベーションにあたっては，ICT（情報とコミュニケーション技術），とビジネスを有機的一体として活用していくことが必要です。

　従来，IT利用の観点は主として効率化でしたが，最近は経営戦略とのマッチングによる活用，さらには創造力が求められています。従来の思考にとらわれない，ダイナミックな新しい活用方法を探る方が求められているのです。

　例えば「可用性」という言葉で表されるシステムダウンを回避して安定的なITインフラを提供すること，業務の自動化を推進してコスト削減に貢献すること，などがIT利用の主たるテーマでありました。もちろん，これらが引き続き重要な観点であることは言うまでもありません。しかし，安定化や効率化，というのは現在のビジネスではキーワードとして優先順位が下がりつつあり「当たり前のもの」となっており，イノベーションのような抜本的なビジネスの仕組みを変革する見地が求められているのです。

　現在の企業を見渡してみると，元気な企業というのはICTで経営革新している企業です。そういった企業が成功企業となっています。

　代表企業を挙げてみると，グローバルでは，Google, amazon, apple, facebook, twitter などになるでしょう。

第2章 ITを「戦略」として考える

日本では，楽天，ＤｅＮＡ（モバゲー），グリー，などがあります。

従来は，管理業務への利用が中心でしたが，最近は本業での活用，しかもそれをコアコンピタンスとしている企業が増えています。

【図表2－1】

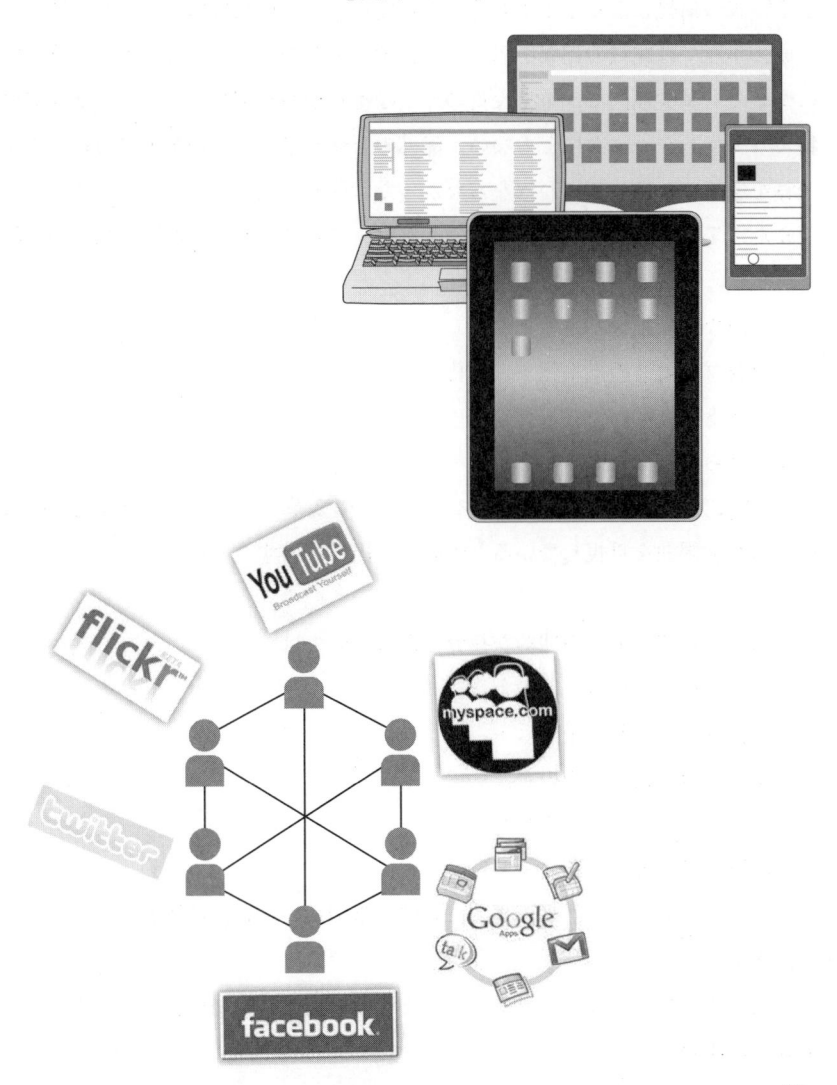

2 お金の話としてのIT投資

　日本情報システム・ユーザー協会（JUAS）の調査（平成22年）によると，IT投資の前提になるIT予算は，前年度からの純増減では年々と減り続け，平成10年度では純減の比率を示しています。また売上高に占めるIT予算比率についても減少傾向で，IT投資の伸びは絶対金額で抑制されている状態です。特にリーマンショックにともない，海外の影響を受けやすい業種においてIT予算を急速にしぼりこまねばならなかった状況も手伝っているようです。
　またIT予算を受けて執行されるIT投資における，IT部門の長期的な経営課題は，
　・迅速な業績把握・情報把握
　・業務プロセスの効率化・自動化
　・コスト削減
がかかげられています。
　そして，大企業ほど，「ビジネスプロセスの変革」と「グローバル化への対応」の経営課題を重視しているとの結果が出ています。

　これらに対応して，中期的な投資分野については，
　・生産・在庫管理（5割の企業）
　・販売管理（4割の企業）
　・IT基盤整備（3割の企業）
　・経営管理分野（3割の企業）
　・財務会計分野（3割の企業）
という結果がでており，ビジネスに直結する関係の投資に積極的であることが伺えます。
　企業のIT投資を「インフラ型」，「業務効率型」，「戦略型」の3パターンに分類した場合，

・インフラ型→4割

・業務効率型→4割

・戦略型→2割

という形に分かれます。

　ITに業務効率化を求める視点は4割と一定の割合を占めていますが，逆にインフラ・戦略の観点に，6割の企業が投資の位置づけを定めており，あなどれない状態です。

【図表2－2】 IT投資対象の現状と今後の方向性

投資タイプ	特徴	評価手法
インフラ型投資	メール等のグループウェア，ネットワークの導入等，一般管理業務の業務基盤として欠かせないもの，セキュリティ投資もこの型に含む	対売上高，費用／人年をトップ責任で決定し導入（特別な評価はしない）
業務効率型投資	省力化，在庫削減，経費削減，歩留向上等，定量化しやすい案件	ROI（投下資本利益率）で，2～3年回収が一般的
戦略型投資	商品力，営業努力，IT効果などが複合され，IT効果そのものの評価だけを取り上げることが難しい案件。顧客サービスの強化等，そもそも定量評価の難しい案件	・定量化可能な項目は目標値（KPI＝成果をトレースするための指標）で，定性的効果目標はユーザー満足度で評価 ・最終的には事業の収益性で判断→アプリケーションオーナー制が有効

出典：社団法人日本情報システム・ユーザー協会，『第16回企業IT動向調査2010（09年度調査）』，117頁より。

3 「経理・財務」の観点でIT投資をみると・・・

　「経理・財務」の観点からこれらのIT投資を見た場合に，IT投資は金額の大きさから支出時に即時に費用化されず，会社の資産として，財務諸表としては，貸借対照表に計上されます。特に無形固定資産となるIT資産については，会計上は「見積」や「判断」を伴うものであり，貸借対照表に計上される金額の算定については慎重な対応が必要になります。

　一方，ITに関するコストは，支出時の会計期間に属する費用計上になることが多く，これは損益計算書に計上されます。有価証券報告書といった開示資料からIT関連費用を読み取ることは難しいですが，従来手作業で行っていた業務がIT化されることにより，人件費がIT費用に置き換わる傾向があります。

　ただ，ITコストといってもその意味する内容を明確にするのは難しいところがあります。前述したように事務用品（電話やコピー機等）がIT機器の範疇に入ってくることで，それに伴う消耗品（トナー，紙など）をどの区分で管理するかには議論があり，勘定科目処理の定義によって範囲が異なってしまうためです。IT部門の人件費，賃借料や一般設備の減価償却費でIT部門に関わる部分もITコストとして管理することが考えられます。

　財務諸表開示制度の面においても，現在の企業の決算書において「ITコスト」や「情報システム費用」という形で開示が求められているのではなく，明確なルールは存在しません。

　しかしながら，ITコストが企業の総コストに占める割合が増加し，重要性が増していることからしますと，管理対象とするITコストの範囲を明確にして，管理会計の枠組みできっちり把握・管理できる体制を構築することは大切です。

第2章 ITを「戦略」として考える

【図表2-3】ITコスト管理のイメージ

1．人のコスト	2．機器のコスト	3．ソフトのコスト
・アウトソーサー要員業務内容と単価 ・社員の業務内容と稼働時間 ・運用保守契約書／SLA／契約金額	・購入費／年間保守費 ・リース残余期間／減価償却費 ・ハードウェア構成 ・保守契約書	・本体購入費／年間保守費 ・アドオン購入費／年間保守費 ・カスタマイズ費用／年間保守費

↓ ↓ ↓

コスト削減のアプローチ方法と削減余力の算出

↑ ↑ ↑

4．通信のコスト	5．電力のコスト	6．建物のコスト
・通信速度 ・年間使用料 ・契約書（利用サービスプラン）／SLA	・契約書（利用サービスプラン） ・年間消費電力量	・テナント契約書 ・図面

出典：新日本有限責任監査法人ホームページ

4 コンプライアンス，ガバナンス，CSRとの関係は？

ITが経営インフラに欠かせないものとなった現在では，持続的な企業経営に必須とされる，**コンプライアンス，コーポレート・ガバナンス，CSR**との関連性が強まっています。

> **コンプライアンス**：「法令遵守」と言われることもあります。企業が良き企業市民として社会から受容されるために，まず法令等について遵守する方策を立て，これを遂行していくことです。
> **コーポレート・ガバナンス**：「企業統治」とも呼ばれます。企業の経営を管理統治することです。
> **CSR**：Corporate Social Responsibility の略で，企業の社会的責任のことです。

いずれも，企業の不祥事が起こる際に，耳にすることが多い内容です。いずれも，企業が社会から求められている責任と義務を表していますが，CIOにとって，これらとの関連でまず念頭に置かねばならないのは「ITガバナンス」です。

いわば，サステナビリティ（企業の持続的な経営）とITの融合と言えるでしょう。

ITガバナンスは，ITそのもののサステナビリティと言えますが，従来からその必要性が問われながら，ITの利便性と逆サイドの概念であることから，なかなか具体化していませんでした。逆サイド，というのはITガバナンスを強化することが，ビジネス上の利便性に反するためです。

例えばIT機器は進歩が速いため，新しい機器（スマートフォンなど）をビジネスの都合に合わせて自由に導入することが望ましいのですが，一方で，セキュリティ対策の検証が不十分なままで新しい技術（機器やシステム）を導入

第2章　ITを「戦略」として考える

することでリスクが生じます。ITガバナンスがしっかりしている組織では，自由に新しい技術を導入できませんので，ビジネスの現場の立場からすると不便を感じます。

　ITが経営のコアコンピタンス（他社に真似できない核となる能力）となるための一つの要素として，情報セキュリティ対策があります。この分野においては，ITガバナンスが重要なのですが，サイバーアタックの増加，情報漏えいによる企業リスク等から，注目度が増しており，企業が具体化に向けての動きを進め始めています。「基準」や「規範」と呼ばれるもののIT版が求められるようになりました。

【図表2－4】　ITガバナンスの構成要素例

〔成熟度のモデル〕	〔コンプライアンス〕
有効性定義 組織定義 統合要件	評価基準 例外対応 監視・監査 停止措置

〔リスク評価〕	〔セキュリティポリシー〕
対象項目 評価プロセス 分類・認識・統制	資産管理 人的管理 物理的防御 ロジック防御

　CSRとITの関連としては，企業のITがネットワークを通じて他企業や消費者と相互に接続されている現状や，企業の情報提供への貢献が求められると同時に個人情報の保護が必須課題となっている中で，セキュリティの脆弱性や情報漏えいが自社だけの問題ではなくなってきて，自社のITシステムが社会に大きな影響を与えることをCIOは意識する必要があります。

5　ＩＴは「見えない資産」

　ＩＴにかかわる支出項目として，ＰＣ，サーバ，ルータなどのハードウェア，ｅメール，データベース，業務システムといったソフトウェアが挙げられます。
　その中でも，物理的な存在感がないにもかかわらず金額的に大きくなりがちなソフトウェアについては，実在性や評価という点で様々な課題が生じます。
　現在の会計基準が設定される前は，ソフトウェアは一部しか資産計上されませんでした。特に社内工数は一般的に全く資産化されていませんでした。外注開発費もすべてが資産計上されておらず，当時の税法上認められた要件を満たす部分のみ資産計上されました。
　昔（文字表記が漢字よりもカタカナが多かったような時代→「**コラム：カタカナの悲劇・喜劇**」を参照）はハードウェアの価格が高く，ハードウェアベンダーとソフトウェアベンダーが同じであったり，ハードウェアの売上でソフトウェア開発費を回収していたこともあり，ソフトウェア単体の価値はあまり注目されていませんでした。
　ＩＴの進化とともにハードの価格は下がり，相対的にソフトの価格が上がりました。価格が上がると有償での取引が増加し，価格のついた取引が増加することで「ソフトウェアの市場価値」が測定できるようになり，さらにＩＴの進化が進んだことで，「サービス」のＩＴ化が進み，そこにも価格がつくようになりました。
　そのような流れを経て，現在では「クラウド」によるＳａａＳ（ＳａａＳについては「第5章　ＣＩＯが意識すべきクラウドの活用のポイント」で解説）などがＩＴ商品として確立するに至りました。
　このようにソフトウェアやサービスといった「無形」な部分への支出が増えていることから，ＩＴはますます「見えない資産」としての性質を強めています。企業の粉飾事件などで，ソフトウェアやＩＴサービスの架空循環取引（「**コラム：情報サービス産業の粉飾事例**」を参照）などが頻発しましたが，

第2章 ＩＴを「戦略」として考える

こういった傾向に基づくものと言えましょう。

　見えないものを管理しなければならないため，管理手法に工夫が必要です。特に「クラウド」時代においては，より「見えない資産」の範囲が広がっています（詳細は「第5章　ＣＩＯが意識すべきクラウドの活用のポイント」で解説）。

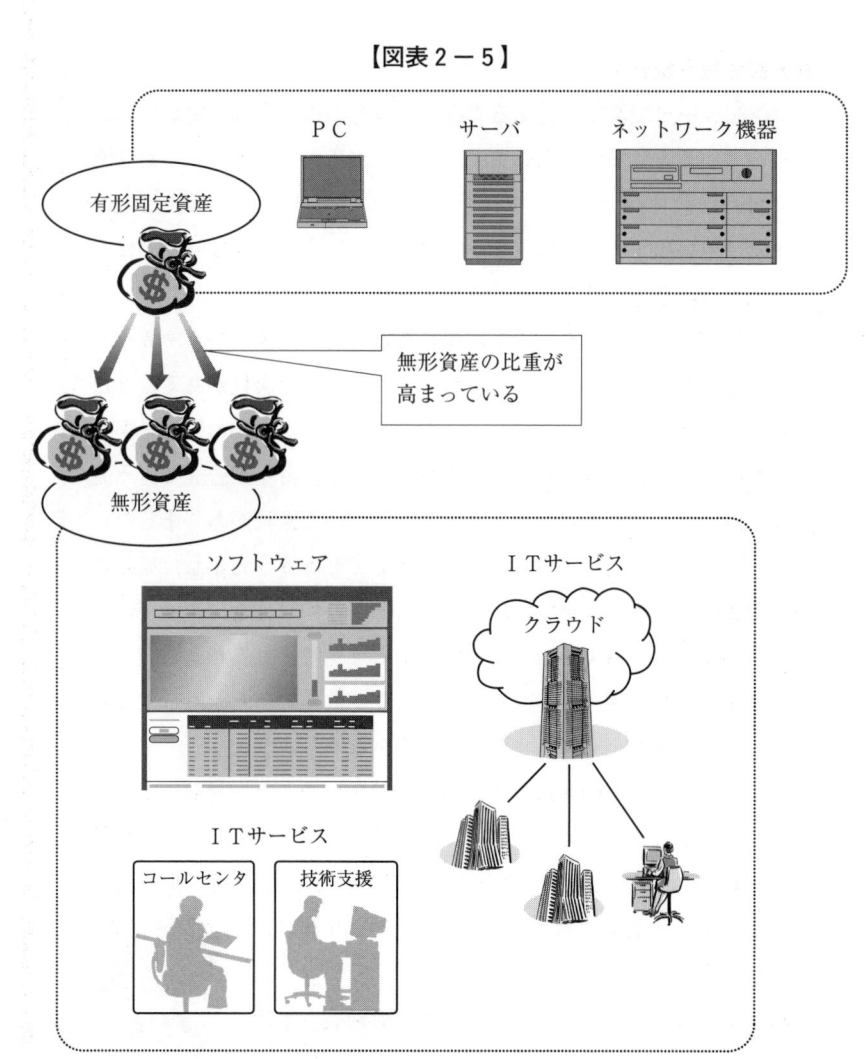

【図表2－5】

有形固定資産
　ＰＣ　　サーバ　　ネットワーク機器

無形資産の比重が高まっている

無形資産
　ソフトウェア　　ＩＴサービス
　　　　　　　　　クラウド
　ＩＴサービス
　コールセンタ　技術支援

コラム：カタカナの悲劇・喜劇

　漢字が使えないということは日本語にとってとても不便です。そのような時代の悲劇・喜劇の話です。

■太鼓も扱う銀行？
　コンピュータで漢字が使えるようになったのは，比較的新しいことを知っている方は多いと思います。昔は，ダイレクトメールや給与明細に自分の名前がカタカナで印字されていたことを一定世代以上の方々には思い出す方もいらっしゃるでしょう。そのような時代にはその時代固有の悲劇や喜劇が起こります。
　コンピュータにはカタカナしか使えないので，未来永劫カタカナを使うことを想定してコンピュータシステムを作った会社があることはさしずめ悲劇の部類に入るでしょうか。このような企業の監査を担当すると固有の悲劇が起こります。例をあげると会計士が監査で行う売掛金の確認，これをすべてカタカナで行っていた会社がありました。まあ，表題や会社名ぐらいであれば許せるでしょう。しかし，確認返送のお願いまでカタカナで書かれていると読むのに非常に苦労が伴い『人を馬鹿にしとるんかい！』というような感情がむらむらと起こってきます。その結果，なかなか返送をしてくれないことがあったと聞いています。また，カタカナで起こる喜劇もありました。
　銀行などでは，対顧客電信売相場（ＴＴＳ）のことを対顧売と略します。これをカタカナで書くとタイコウリです。こういう印字が銀行の帳簿にあるのを見たある会計士は「ほう，銀行はお金を扱うだけじゃなくて，太鼓も売っているのか。」という具合に感心したそうです。
　現在ではこのような印字もおそらく「対顧売」と印

第2章 ＩＴを「戦略」として考える

字されるでしょうから，このような勘違いはないでしょうが，それにしても漢字があたりまえに使えるようになった今は便利になったものです。

コラム：情報サービス産業の粉飾事例

　ＩＴ産業が属する業界は，情報サービス産業というカテゴリで分類されることがあります。この情報サービス産業は，会計業界では近頃大変なホットトピックとして，注目を集めています。
　それはやはり情報サービス産業が扱う財・取引の性質に基づくものだったり，この性質から導き出される不正の類型が独特だからです。
　情報サービスにおける，財・取引の性質を見てみましょう。
財の特質：「**無形**」がキーワードです。
　情報サービスは，ソフトウェアという目に見えない「無形」の成果物を提供することから，取引や資産の実在性やその評価を財そのものによって証明することが困難です。
　続くキーワードしては，**取引の特質**：「**変化**」が挙げられます。
　情報サービスの取引においては，仕様の「変化」を余儀なくされることが生じます。こんな中，ユーザーが要件を明確に定義し，ベンダーに伝えることは容易ではありません。時間の経過とともに，ユーザーを取り巻く内外の要因が変化します。
　このような特性を踏まえると，情報サービス産業特有の不正取引の類型としては，以下のものがあります。

① スルー取引

取引に介在する合理的な理由がないにもかかわらず，実際の取引とは関係のない企業が形だけ取引に参加し，売上を計上する取引です。
例）営業担当者が，自己の営業成績の水増しを狙って取引の実態がないのに，売上を計上するような場合（下のB社のケース）

```
A社 ───→ B社 ───→ C社
```

② 循環取引

スルー取引が複数組み合わされると，実際には商品を動かすことなく，資金と伝票だけが関係取引先の間をめぐります。

「Uターン取引」，「グルグル取引」，「まわし」とも言われます。

最後にまた架空取引の開始手であるA社に取引がもどってくるところに特徴があり，抜本的に収益性が改善しない限り，循環取引の輪の中にいる誰かが膨らんだ損を被り，いわゆる「ババ抜き」のような状態になります。

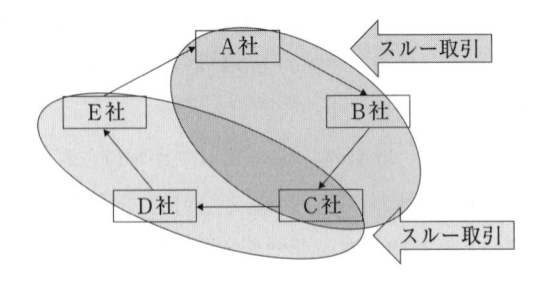

③ クロス取引

A社，B社が互いに発注しあう取引です。このことで，売上が数字上は増え，さらに悪質なケースにおいては，ユーザー企業からの受注

がないにもかかわらず，A社とB社がお互いに架空の取引を発注しあうことも想定されます。

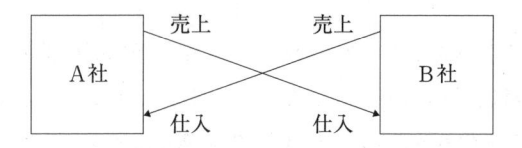

```
      売上    売上
┌────┐ ＼  ／ ┌────┐
│ A社 │  ×   │ B社 │
└────┘ ／  ＼ └────┘
      仕入    仕入
```

　これらの粉飾を会計監査の立場から発見するのは並大抵ではありません。会計監査は「監査基準」という一定のルールに定められた手続きで実施することが求められていますので限界があります。テレビドラマのような「張り込み」や「尾行」，また税務調査などで行われる取引先に行って直接調査する「反面調査」といった手続きは認められていません。

　また，IT業界は新しい産業であるため，従来の会計・監査の枠組みではうまく機能しないこともあります。まさに日進月歩の環境の中で，どのように制度側が追いついていくのかの課題が示されていると言えるでしょう。

【参考】情報サービス産業に関する不正事件（主要なもの）
2003年　メディア・リンクス（ナスダック・ジャパン）
2004年　アソシエント・テクノロジー（マザーズ）
2007年　IXI（東証2部）
　　　　ネットマークス（東証1部）
　　　　ネクストウェア（大証ヘラクレス）

6　情報セキュリティの値打ち

　個人情報保護対策が企業リスクとなり，特に電子商取引の進展により，情報の漏えいが事業継続性の阻害要因となっています。今まででしたら，紙媒体だったものが，電子化されたことで，顧客先名簿などがクリック一つやＵＳＢメモリなどで簡単に持ち出せる時代になりました。
　加えてインターネットの利用が企業経営に欠かせなくなったので，企業の様々なＩＴリソースがインターネットに接続され，結果としてサイバーアタックの標的となりやすくなりました。
　不安定な雇用が従業員を不正に導くこと，激しい国際競争による技術情報の高額な買い取りなどを背景として，インターネット販売サイトでの膨大な会員の個人情報が持ち出し売られていた事件，機密の技術情報を持ち出し海外のライバルに売却された事件など，これらの事例が現実に発生し，場合によっては企業の存続すら脅かす事態になっています。
　このような環境において，従来は後ろ向きの投資として見られがちであったセキュリティ投資が，企業価値を生み出すものとなってきたのです。
　情報セキュリティ投資が，企業の収益獲得やコスト削減に直結することで，バランスシートに資産計上されるようになりました。
　情報セキュリティ対策はＩＴそのものの技術的なセキュリティ対策のみならず，業務プロセス，人材管理等，様々な領域における対策が必要になっており，企業経営に関わるあらゆる組織を巻き込んだ対策が必要になってきています。
　このように広がりを見せる情報セキュリティ分野ですが，対策の中心となるのはＣＩＯですので，こういった面からも幅広い分野での思慮が求められます。

第2章 ITを「戦略」として考える

【図表2-6】

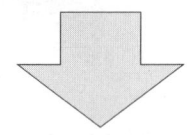

7 ナレッジ・マネジメントの広がり

　ナレッジ・マネジメントは知的資産経営，知識経営，知識共有，といろいろなタームで語られますが，昨今の経営トピックとして，経営上の戦略ポイントとして話の俎上にあがることが多いと思います。

　ナレッジ・マネジメントというと，各人が持つ知識（ナレッジ）を売り物にしているコンサルティング会社や，シンクタンク，そして監査法人といった「プロフェッショナル・ファーム」と呼ばれる業種に当てはまりそうな気がしますが，実際はそれに限定されるものではありません。近年の大手多国籍企業として識別される企業の多くが，知識に関する組織内の利害を調和しイニシアチブを発揮し，かつ情報システムの構築と連携させるべく，ナレッジ・マネジメントを既に採用しているか，もしくはナレッジを扱う「Ｃスイート」であるＣＫＯ（Chief Knowledge Officer）を識別しているという指摘がみられます。

　このナレッジ・マネジメントは学術的にも体系化された理論にもまとめられていますが，実際は社内で行っている細かい活動，たとえば社内を歩き回り，いろいろな知識を入手する行動も立派に「ナレッジ・マネジメント」の一環となっています。

　企業経営において，ナレッジ・マネジメントは，古くて新しい課題です。昨今のナレッジ・マネジメントに対する期待や，複雑化したビジネス環境を考えると，単に企業の中に散在するナレッジを集めるだけでは十分な活用ができません。集めた情報を整理，分析し，優先順位付けをし，経営意思決定に活用できるものにしなければなりません。

　そのプラットホームとしてのＩＴの役割は昨今ますます重要になっています。そして最近は，社内のみならず，社外とのナレッジ共有をＩＴによって実現させる動きが出てきています。

　これは，従来，概念上は有効なものとされていたにもかかわらず，進展がはかばかしくなかった「オープン・イノベーション」がブレークスルーする可能

第2章　ＩＴを「戦略」として考える

性も諮詢するものです。

　ナレッジも，「無形な財産」の一種ですが，ＩＴとの融合により，「商品」化されています。具体的には，コンテンツ提供のデータベース・サービスなどがありますが，シンクタンクや調査会社提供のものが中心であったものが，マスコミ，出版社なども媒体の電子化とともに有料サービスの提供を行い始めていますし，Amazonや楽天のようなＥコマースにおいても商取引データをナレッジとして提供（自分が購入した書籍のライブラリが自動的に生成されるなど）することで顧客の獲得につなげています。

　結果として，ナレッジ・サービスそのものの会計的な計測が可能となりつつあり（計測可能であると売買取引が促進され，市場が生まれ，公正価値＝時価計測が可能になる），ソフトウェアのような資産認識がなされるようになってきています。

　ナレッジ・サービスの提供形態としてのナレッジ・データベースなどは，プログラムとコンテンツが一体不可分である場合もあり，総合的に価値判断がされて，資産計上や費用計上の会計処理判断が行われます。

　この分野は，まだ会計実務が発展途上ですので，ＣＩＯとしては常に最新の実務をキャッチアップしておく必要があります。

用語解説

オープン・イノベーションとは？？

　昨今の金融危機等により，ますます厳しい経営環境にさらされている企業において，将来の収益獲得の種となる，研究開発活動といったイノベーションを適時遂行して新しい技術やノウハウを新規に生み出していかねば，今後のビジネスチャンスを生かせないといっても過言ではありません。

　こうした状況の下，企業内部のリソース（ヒト・モノ・カネ）のみならず，社外のアイデアやテクノロジーを有効に活用してイノベーションの価値を高めていく活動が注目されており，これが「オープン・イノベーション」と呼ばれています。

　オープン・イノベーションの活用としては，社外技術の社内への取りこみがありますが，その手段としては，研究委託，研究成果の購入，ベンチャー企業などの買収・出資，共同研究などがあります。

　外部リソースの活用という効果の点でみた際に，経済的実態は同じであっても，行動パターンによって会計処理が異なり，それに伴い損益インパクトも変化します。オープン・イノベーションの遂行の際には，会計・税務上生じるインパクトを念頭に入れながら，戦略的に実施する必要があります。

第2章　ITを「戦略」として考える

8　形式知と暗黙知

　ナレッジ・マネジメントとは，組織の中にいる個人が一人ひとり持っている知識や，経験に基づいたノウハウなどを共有・交換し，創造的なものを生み出していくこと，です。
　特に特徴的な分類として，形式知と暗黙知があります。

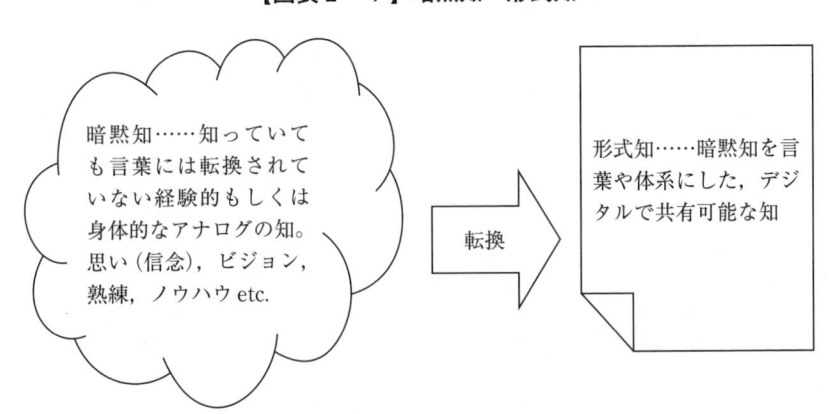

【図表2－7】暗黙知・形式知

暗黙知……知っていても言葉には転換されていない経験的もしくは身体的なアナログの知。思い（信念），ビジョン，熟練，ノウハウ etc.

→ 転換

形式知……暗黙知を言葉や体系にした，デジタルで共有可能な知

　これら二つの「知」の相互転換により，新たな知識が創造されます。各人が保有している「暗黙知」を言葉で表現して「形式知」に転換し，この「形式知」を分析・検索することで新たな「形式知」が生まれ，これを他者が自分の知識として取り入れると，その個人の「暗黙知」に換わります。
　ITが関係する局面は，「形式知」を電子化してナレッジ・データベースとして構築することが一般的でした。
　ところが，最近は「暗黙知」の形成そのものにITが活用され始めています。例えば，SNS（ソーシャル・ネットワーク・サービス）などは，未整理な情報を複数の人々でやり取りプロセスが電子化されていますが，この未整理な状態はまだ「暗黙知」であり，それが電子的なツールであるブログやTwitter

で整理され，さらにはWikiで体系化されることで，新たなナレッジの構築の仕組みとなっています。

　このようなプロセスは，社内システムにも応用され，業務の一環となりつつあります。今，流行のイントラブログや社内ＳＮＳは暗黙知側に焦点をあてたツールです。参加型のコミュニティーを形成し，個人の知恵を集合させ，各人の持つ「知識」，「経験」，「ノウハウ」，「問題解決手法」などの形に残りにくい「暗黙知」を「形式知」に転換するというモデルです。

【図表2－8】

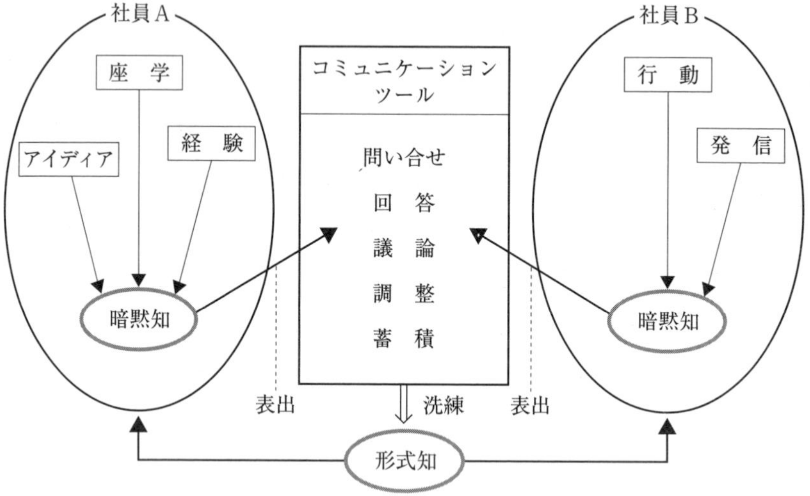

第3章 CIOが理解しておきたい「経理・財務」のポイント

1 　所有するか利用するか
2 　ITにかかわる「経理・財務」
3 　ITシステムの売上はどのようなもので構成されている？
4 　売上は「いつ」・「いくら」で計上？
5 　一式請負契約の場合
6 　システム・エンジニアリング・サービスの場合
7 　完成基準か進行基準か
8 　複合取引での売上パターン
9 　意図的に取引を分解することも・・・
10 　「もうけ」を考えるためのコスト計算
11 　SaaSに関するコストの切り分け
12 　資産か費用か
13 　グローバル化した経営の資産管理
14 　資産となった後は何が起きるのか

1 所有するか利用するか

　ＣＩＯのメインフィールドは企業のＩＴ領域になりますが，経営に対する責任も担うＣＩＯにとって，企業業績に対するインパクトを考えなければなりません。ＣＩＯの担当領域がますます広がっている中で，まずＣＩＯが考える内容としてＩＴ投資を取り上げてみましょう。

　ＩＴ投資額が企業の全投資に占める割合はかなり大きくなりますから，経理・財務面に与える影響を事前にイメージする必要がありますが，これが一筋縄ではいきません。

　それは，同じ経済的効果を得るための代替的手段が多数に及び，それらのいずれを選択するかで変わってくるからです。そして，この代替的手段として取り得る取引形態それぞれによって，経理・財務に与えるインパクトは全く異なります。

　現在のＩＴサービスに関する財務・会計へのインパクトはどのようになるのでしょうか。

　例えば身近な例で，ＰＣを調達することを考えてみましょう。
　ハードウェアとしてのＰＣには，
- 購入（買い取り）
- リース
- レンタル

という調達方式があります。
　そしてＰＣに載せるソフトウェアについても，
- ライセンス契約
- 買い取りソフトウェア
- サポート契約

といった調達方式がありますが，経営戦略と合致させた方針を検討しなければ

第3章　CIOが理解しておきたい「経理・財務」のポイント

なりません。

　また機種やベンダーの選定，導入時期をどうするかなど，PCの調達一つ例に挙げても，その意思決定プロセスは多数に及びます。

　サービスに関しては，サービス受領に必要となるコスト計算も厄介です。機器や享受するサービスには，台数によるもの，使用量に依拠するもの，月割など時間数によるもの，とまちまちだからです。

2　ITにかかわる「経理・財務」

　CIOとしては，経営の意識を持たなければなりませんが，経営の中でも「経理・財務」分野を意識することは大変重要です。従来は「経理・財務」という分野はCIOの業務との関連性が薄かったのですが，最近ではCIOが直面しているビジネス環境において，IT関連投資が非常に大きくなっていることや，会計処理，売上から始まって，利益，最終的には税金と利益の関係までITが「経理・財務」に大きい影響を与えてしまう要素になってきたこともあり，相当に意識する必要があります。また，クラウド化に伴いIT資源の「所有から利用へ」の変化も「経理・財務」に影響を与え始めています。

　以下，ITにかかわる「経理・財務」についてのトピックについて，CIOが知っておくべき事柄について取り上げていきます。

【図表3－1】所有から利用への変化と会計処理

「所有から利用へ」に伴う会計処理の考え方
【比較】「所有」モデルと「利用」モデル

「購入」の場合	「利用」の場合
▶データセンター ▶サーバ ▶電源 ▶リース資産（リースを利用する場合） ▶サポート人員	▶基本的に利用に基づいた使用料を支払うのが原則
会計処理面 　▶損益計算書 　　▶購入費用，人件費 　▶貸借対照表 　　▶固定資産 　▶将来に及ぼす影響 　　▶資産除去債務（撤去費用） 　　▶減損	会計処理面 　▶損益計算書 　　▶使用料 　▶貸借対照表 　　▶原則として大きな影響がないことが多い 　▶将来に及ぼす影響 　　▶比較的影響が少ない
メリット：自身が持つリスクでもあり，コントロールも可能 デメリット：管理に関する手間がかかる	プライベートクラウドの場合は影響が出てくることもある

第3章　CIOが理解しておきたい「経理・財務」のポイント

3　ITシステムの売上はどのようなもので構成されている？

「複合取引」について

　ITに関する売上にかかわる会計処理については，非常に複雑かつ広範囲に渡るので全てを述べるのは難しいのですが，以下，情報通信技術系の会計トピックを簡単に紹介します。なお，会計基準は国別に異なるところがあるのですが，日本の企業で採用されているのは，日本基準，米国基準，IFRS（国際財務報告基準）が挙げられます。会計基準においてITに関連する部分は比較的特殊なところがありますので，関係する部分につき，ポイントを絞って紹介します。

　まずは企業が存続していくためには，もうけが必要で，それにはまずモノを販売して，「売上」が上がらなければなりません。この売上について，IT業界特有の処理を見てみましょう。

　モノを売ったときには，売上を帳簿上に記録（計上）します（会計専門家は「収益認識」といった言葉を使ったりします）。しかし，この時に販売する「モノ」の中身を見てみると，それはいろいろな「モノ」の複合体だったりします。こういった，「システム一式」のようないろいろな「モノ」の複合体を取り扱う取引形態を，会計上では**複合取引**と呼んでいます。

　ITシステムは，「ITシステム一式」とまとめて販売しているのではありません。「ITシステム」の中身を見てみると，サーバがあったり，電源装置があったり，またサーバだけぽつんとあっても意味がありませんから，システムの上で動くソフトウェアがあり，そしてこれらのシステムについてうまく動くように調整してもらう保守サポートや，困った時に手助けしてくれるサポートデスクが必要です。

　こういったものを会計で扱いやすい種類ごとにグループ分けすると，
・ハードウェア
・ソフトウェア

・保守サービス

の三つに分類できます。会計ですと，大枠としては，この3種類に分類して，それぞれが独自の別個の資産だったり，費用だったり，に分けて帳簿に記録します。

　他にも，システムを売るときというのは，例えばコンピュータだけを売るとか，ソフトウェアはワードプロセッサや表計算といったデスクトップソフトウェアのようなライセンス的な売り方をするものもあります。そして，大きなシステムとしてハードウェアがあり，その上に乗せるソフトウェアがあり，さらにそのソフトウェアでもパッケージではなくて作り込みをして，システムの完成後は日常的な運用を管理するようないろいろなITのサービスがあります。こういった様々なITサービスの要素を複合的に販売しているケースというのがITの場合は非常に多いわけです。

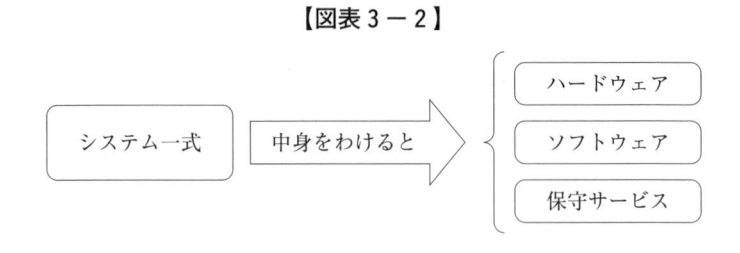

【図表3－2】

システム一式 →中身をわけると→ ハードウェア／ソフトウェア／保守サービス

　ITの業務に携わっている人にとっては，「当たり前」ですが，これを会計処理するのは大変難しいです。上場企業のITの営業をされている方などは，経理部や監査法人から，いろいろと注文をつけられた経験をお持ちではないでしょうか。その注文は現場感覚としては，少々理解しがたいところもあり，疑問に感ずるのではないでしょうか。しかしながら，会計は投資家や利害関係者に対して，決められた基準で財務報告をするためのものですから，そういった観点で決められたルールであり，一般的な感覚と違うところもありますが，理由や仕組みを聞くと理解していただけると思います。

第3章　ＣＩＯが理解しておきたい「経理・財務」のポイント

なお，複合取引はＩＴだけではなのですが，いろいろな構成要素があるものを一式で売る形式が，ＩＴの世界では一般的な事例ですので，取り上げられやすいのです。

4　売上は「いつ」・「いくら」で計上？

　会計の売上の計上にあたっては，「いつ」の売上なのか，売上の金額は「いくら」か，が重要な問題です。ところが，ＩＴにかかわる売上は，この「いつ」「いくら」を判断するのが難しいのです。

　売上高が「いつ」計上されるのかが何故重要なのか。いろいろな理由がありますが，一つは，財務諸表は期間を区切って作成されるのですが，通常の決算期間であれば１年，上場している企業の場合は四半期（３カ月ごと），また管理会計上での月次，といった区切られたどの期間の売上になるのかが，経営者にとっての経営判断，投資家にとっての投資判断，税務当局による徴税時期に大きな影響を与えるためです。

【図表３－３】財務諸表は期間を区切って作成される

通常の決算期	１年
四半期決算	３カ月　３カ月　３カ月　３カ月
月次決算	１カ月 × 12

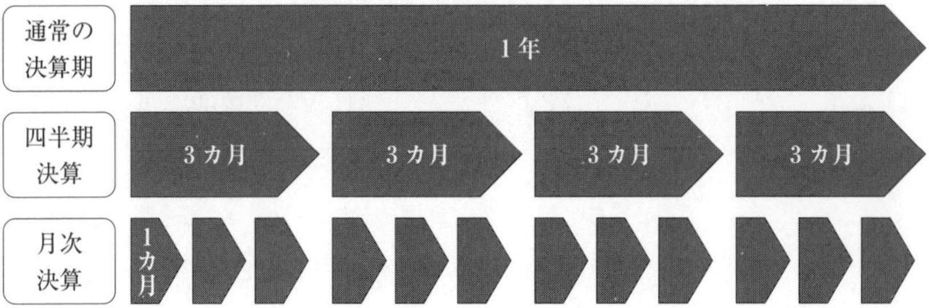

「いくら」であるかはもちろん重要なのですが，システム一式が1億円だとして，その1億円を全額一括で売上に計上できるのか，分割した金額で計上するのか，また，売上の総額から控除するべき金額はないのか，といった課題があり，これが経営判断，投資判断，税金に重要な影響を与えます。
　ＩＴの場合，この「いつ」「いくら」の判断が難しく，またその対応を誤った場合，どのような問題を引き起こすかについて，以下，見ていくことにしましょう。

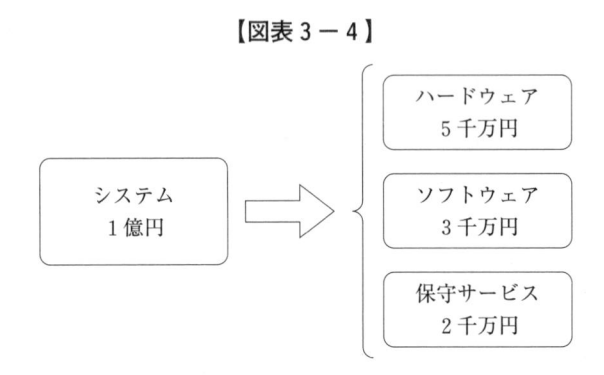

【図表3－4】

システム 1億円 → ハードウェア 5千万円／ソフトウェア 3千万円／保守サービス 2千万円

【参考】総額表示と純額表示の違い

総額表示
C社　損益計算書
売　上　高：　130
売上原価：　110
利　　益：　 20

純額表示
C社　損益計算書
売　上　高：　 20
売上原価：　　0
利　　益：　 20

第3章　CIOが理解しておきたい「経理・財務」のポイント

5　一式請負契約の場合

①　一式請負契約とは

　従来型の日本の形態の中でよくみられるのが，一式請負契約，何々システム一式いくらいくらといったような契約です。請負契約とは，ベンダー企業側が成果物の完成を請け負い，ユーザー企業側が成果物に対する報酬の支払いを約束する契約形態です。ここでは，ベンダー企業側が成果物に対する完成責任を負います。

　このようなものが日本では比較的多くて，その中には例えばハードウェアについてはサーバやパソコン，その上で動かすソフトウェアについてはライセンスや設計・製造という工程の作業，さらには運用や保守のサービスなども含まれます。契約としてハードの部分とソフトの部分と保守サービスを分けるという形態ももちろんありますが，「一式」という形態も一般的です。

②　一式請負契約を契約形態別に分けてみると・・・

　この取引を契約形態別に見てみます。ハードウェアの売上については，物品を売っており，物を売る，**物品売買取引**になります。

　一方，ソフトウェアの方は，いくつかのパターンがあります。

　まず，ソフトウェアパッケージの販売などは，「物品販売取引」に該当します。

　また，請負契約は，例えば会計システムを5,000万円で作りますと約束しているので，例えば作るための費用が7,000万円かかって赤字になっても5,000万円しかもらえませんが，一方，効率的に作ることに成功し2,000万円で作れば多くの利益が出ます。成果物の提供を契約しているのです。

　準委任契約とは，業務を委託する契約であり，例えば市場調査やコンサルタント業務に関する契約がこれにあたります。受注制作ソフトウェアにおいては，ソフトウェア制作に関する業務をユーザー企業側がベンダー企業側に委託する契約形態になります。業務の委託であるので，ベンダー企業側の責任は，業務

を実施することで，成果物に対する完成責任を負いません。

　具体的な数値で表してみると，役務提供的な契約で，概ね5,000万円ぐらいでできそうと見積もるのですが，契約としてはかかった分でもらう契約をします。実際に，制作に7,000万円かかってしまった場合，7,000万分の費用がかかったという事実があれば，工数実績×単価の結果としての7,000万円の売上代金をもらえますが，逆に効率的にいって2,000万円で成果物が完成すると2,000万円しか請求できない契約です。これは売る方からすると，かかったコストを必ず回収できるので，とてもリスクが少ないのです。逆に買う方からすると，費用が減る場合もありますが，リスクが増える場合もあります。

6　システム・エンジニアリング・サービスの場合

　前述した**請負契約**は，売る方にリスクがあります。

　また，**ＳＥＳ契約**（システム・エンジニアリング・サービス）も業務委託契約の一形態ですが，通常は，エンジニアの能力そのものを契約の対象とし，ユーザー企業からベンダー企業への支払いは，単価×時間で行われる点に特色があります。よって，この契約も準委任契約と同様に，ベンダー企業側は，成果物に対する完成責任を負いません。ＩＴ周りですと業務内容をより細かく分類して，業務をメニュー化して価格を付けるといったもので，パソコンのインストールサービスが１台あたりいくら，サーバの設置・調整はいくら，というようなメニューを用意し，役務ごとに契約を結んでいく契約です。取引金額の計算をみると，準委任では工数×単価ですが，ＳＥＳではメニュー単価×数量になります。

第3章　ＣＩＯが理解しておきたい「経理・財務」のポイント

【図表３－５】収益認識：複合取引を考える前提としての契約類型

一式請負契約 ○○システム一式 ××円	契約形態例 (取引形態)	契約形態(取引形態) に対応する典型的な収益認識
ハードウェア の納入	物品売買契約 (物の販売)	物の引渡しまたは検収 による収益認識
ソフトウェア の設計・制作	請負契約 (成果物の提供)	工事契約に関する会計基準 による収益認識
	準委任契約 (役務の提供)	役務提供実績 単価×時間 による収益認識
	ＳＥＳ契約 (役務の提供)	
保守サービス	役務提供契約 (期間契約)	契約期間の経過 にともなう収益認識

7　完成基準か進行基準か

　保守や運用サービスの場合は通常は役務提供契約ということで１カ月いくらとか，期間ごとの金額に基づいて契約するケースが多いです。
　このような様々な契約やサービス提供形態の違いに対応した，売上高の計上，会計的な言葉でいう**収益認識**をどう認識するのか，といったところに難しい課題があります。

①　サービスの提供割合（進捗に応じて）売上を計上することもある

　物品の販売であれば，通常，売り手が物を引き渡して顧客が検収した段階で収益を上げます。これは所有権の移転や物品の提供をした証拠が客観的に確認

できるということに基づいています。物品の場合は，物理的な引き渡し行為が目に見えますので，比較的わかりやすいのです。

ソフトウェアの場合は，請負契約は会計的には，工事契約に関する会計基準に基づいて収益認識されるのですが，**完成基準**と**進行基準**という二つの方法があります。完成基準については，ソフトウェアが成果物として完成したと客先が認めて検収した時点で収益認識されるので，形式的には物品販売と同様です。成果物の引き渡しが物理的に見えない，例えばソフトウェアがインストールされているかどうか，それが正しく動く状況になっているのか，といったことの外観的な確認をすることが難しいところが，収益認識の課題です。

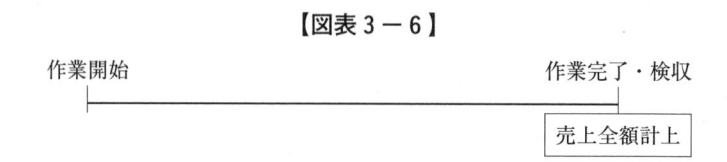

【図表3－6】

作業開始　　　　　　　　　　　　　　　　　　作業完了・検収

売上全額計上

進行基準については，例えば成果物の代金が5,000万円の契約である場合，その成果物の総原価に対する制作途上における原価の発生率に比例させて収益認識，売上の計上を行うものです。原価の発生率だけでなく，成果物の工程途中での完成率などで収益認識する方法もあります。

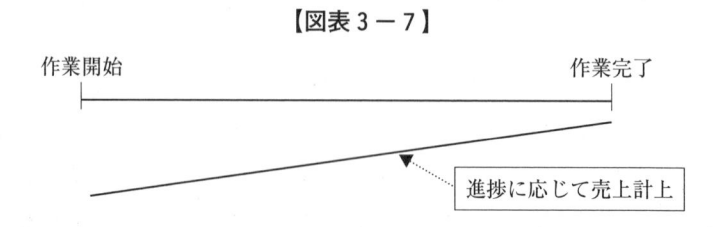

【図表3－7】

作業開始　　　　　　　　　　　　　　　　　　　　作業完了

進捗に応じて売上計上

準委任やＳＥＳについては，「単価×時間または数量」で売上が計上されるのが一般的です。

保守サービスについては契約期間にともなう収益認識です。

8 複合取引での売上パターン

ＩＴ関連の主な売上計上についてのお話をしてきましたが，以下では，ＩＴの場合「いつ」「いくら」の判断が難しく，対応を誤った場合に問題が引き起こされる具体的なケースについて，示します。

ＩＴサービスの契約の場合，「一式」といった形で，前述した様々な契約形態が複合化した取引となる事例が多くあります。これを「**複合取引**」と呼びます。

ＩＴサービスの取引は，売上の計上に恣意性が入りやすい

「複合取引」における収益認識で問題が生じるケースを見てみましょう。

以下の図は，上の段が総額1,050万円の売上高，下の段は総額950万円の売上高が示されています。これは実態としては同じＩＴサービスを提供しているにもかかわらず，会計上の数値が異なるケースを示します。

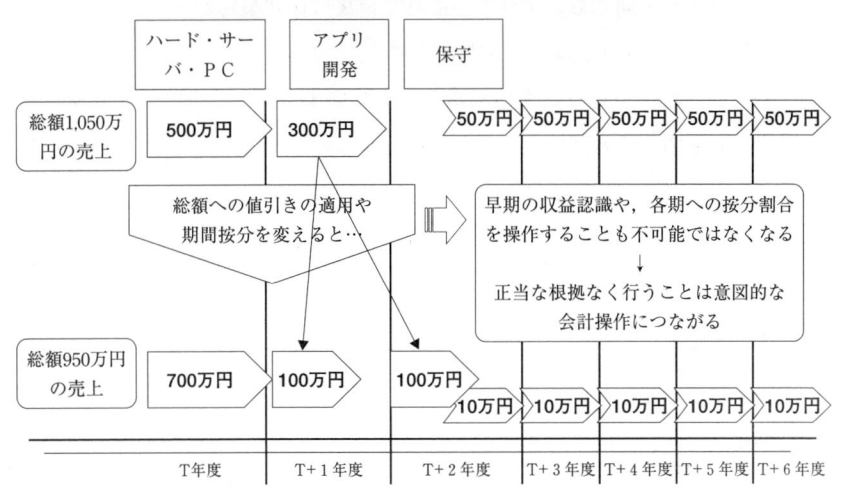

【図表3－8】複合取引における収益認識

	ハード・サーバ・ＰＣ	アプリ開発	保守					
総額1,050万円の売上	500万円	300万円	50万円	50万円	50万円	50万円	50万円	50万円
	総額への値引きの適用や期間按分を変えると…		早期の収益認識や，各期への按分割合を操作することも不可能ではなくなる ↓ 正当な根拠なく行うことは意図的な会計操作につながる					
総額950万円の売上	700万円	100万円	100万円	10万円	10万円	10万円	10万円	10万円
	Ｔ年度	Ｔ＋1年度	Ｔ＋2年度	Ｔ＋3年度	Ｔ＋4年度	Ｔ＋5年度	Ｔ＋6年度	

どの期間に売上が計上されるかが，経営者の経営判断，投資家の投資意思決定に大きな影響を与えることは，すでに述べました。さらにこの課題は，税金計算，会計監査対応などでも大きな影響を及ぼします。

　この図における「Ｔ年度」の売上ですが，上段は500万円，下段は700万円で，単純に比較すると下段のほうが経営成績がよいです。経営成績がよいので，経営者や従業員の報酬を上げたり，株主に配当したり，上場していると株価が上がったり，といった結果をもたらします。

　ところが，実態としては，数期間にわたるこのＩＴサービスの提供の結果としては，上段は1,050万円，下段は950万円という結果となっており，下段の経営成績は上段よりも悪いことになります。

　なぜ，こういった結果が生じるのでしょうか。

　例えば上段の1,050万円の売上の方を見ると，ハードウェアで500万円，アプリ開発で300万円，そのあと保守契約を5年ぐらい契約して50万円×5年間，これを合計すると1,050万円になります。

　下段については，ハードウェアが700万円で，アプリ開発が100万円，それがちょっと期間が2期ぐらいずれて，それで最後に保守契約が10万円ずつに分かれており，合計で950万円となっています。

　「Ｔ年度」だけを見ると逆の成績になっていますが，このからくりは，「複合取引」を意図的に分割することで可能になるのです。

第3章　ＣＩＯが理解しておきたい「経理・財務」のポイント

9　意図的に取引を分解することも・・・

　例えば，Ａさんがこの取引を行っている会社の営業部長になったとします。営業部長になったのですが，実はＡさんは来年定年退職することになっています。今年の売上が上がるとボーナスがもらえるのでどうしようかと考えます。

　それでお客さんのところに行って，「実はうちの本来の契約ですと，この上段の1,050万円になりますが，実は私が特別に新しい方法を考えて，この下段の契約にしていただければ950万円で100万円安くなります。これで契約しませんか。」と言います。お客さんからすると，支払う金額が100万円減るので，「いいね，いいね。」ということで受け入れてくれますが，今期の売上は本当は500万円だったのが，実は700万円に上がってしまいます。そうすると，200万円売上を増やしたことでボーナスをもらって，「私は定年なのでさようなら」ということで辞めてしまいます。要するに，このようなことが意図的にできてしまうのです。

　実際は，500万円でしか売れないものを700万円で売っているのです。では，その源泉はどこから来ているかというと，本当は将来に上がるはずだった売上，将来の期間に入る売上を当期の売上に前倒しするというカラクリです。

　これは，いわゆる会計操作したことになります。ＩＴの取引は，目に見えないソフトウェアや無形のサービスも含んだ複合取引が多いため，他の業種よりもこういった操作がやりやすいのです。

　そうすると，正しい会計処理というのは，全体像をこうやって見ていかないと分からないのです。

アメリカのＩＴベンチャーとストックオプション
　ここにあげた例は，営業部長さんが自分のボーナスのために行ったことで，全社的や経済社会的にはそう大きくないものかもしれませんが，このようなカラクリが過去に大掛かりに行われた例もあるのです。

例えばアメリカのITベンチャーのように急成長して巨額なストックオプションが経営者に与えられているような環境では，このような操作によって株価を操作して，巨万の富を得た人たちもいます。経営者に就任して，就任した年は業績が悪いがそれは前任者のせいということにし，上記のような操作を会社を上げて行って，売上や利益の前倒しをして，株価がボーンと上がったところで，ストックオプションでの巨額な報酬を得たら，すぐに経営者を退任するのです。そうすれば，後々，売上が減ることになっても（上記の下段の例のように），その時は会社にいないのでよいわけです。
　もちろん，こういった状況が放置されるわけもなく，その後，米国ではエンロン事件（「コラム：エンロン事件」を参照）などもあり，アメリカの会計基準では，収益認識の基準が大変厳しくなって，こういったことがやり難くなりました。
　これは，もともとはアメリカで問題が顕在化したのですが，日本基準であろうが，IFRSであろうが，常に内在している問題は同じであって，やはりITの収益認識ということで，このような複合取引は常に課題になっています。
　日本の場合，幸か不幸か，ストックオプションを使った高額報酬といった仕組みが社会に定着していませんので，アメリカのような現象が生じるインセンティブはあまりないのですが，一時期のITベンチャーの高株価経営で類似した話はありました。

第3章 CIOが理解しておきたい「経理・財務」のポイント

コラム：エンロン事件

　2001年に，会計・監査業界の従来の枠組みを大きく激動させる，大粉飾事件がありました。エンロン事件です。

　エンロンは，1985年に電力事業等を営むインターノースがヒューストン・ナチュラルガスと合併してできた会社です。当初はローカルの地味な会社でしたが，レーガン政権時に規制緩和が行われて以降，積極的な取引を行うようになり，業容を拡大していきました。しかし，折からのITバブル崩壊の影響に加え，海外での発電所事業（インドなど）や水道事業での失敗による多額の損失，トレーディング事業での失敗などで株価は低迷していきました。もともと，エンロン株の高値維持は会社継続の生命線でした。ところが，2001年10月17日，ウォールストリート・ジャーナルがエンロンの不正会計疑惑を報じて以降，株価は下落の一方をたどります。エンロンは同業者であるダイナシーとの合併により窮地を救おうとするのですが，その後次々と明るみに出た会計不正によりダイナシーの信頼を失い合併話は流れ，万事休すの状況になり，ついに2001年12月2日，エンロンは連邦破産法第11条適用を申請し，事実上倒産しました。

　この事件は当時全米売上第7位の大企業の粉飾により事実上解体したものですが，粉飾の手法そのものが複雑怪奇である上，その社会的影響が極めて大規模であるという点で，過去最大級の事件です。

　これによって通常生じる株主等からの訴訟に加えて，当時のビッグ5の一角であるアンダーセンが消滅したこと，企業改革法（SOX法）が制定されたことなどが大きな社会的影響ですが，それは米国内にとどまらず，例えばわが国の公認会計士法や証券取引法の改正などに影響を与えています。

　エンロンの粉飾パターンとしては，SPE（特別目的法人）を利用

した損失飛ばしや，その連結会計上の処理が挙げられます。
　そして，伝統ある監査法人であったアーサー・アンダーセン（ＡＡ）が消滅するという，甚大な影響をもたらした不正案件になっています。
　エンロンの事例はＩＴ業界での財務数値の操作とは手法が異なりますが，背景として，ストック・オプションを利用した高額な経営者報酬制度があるというところは類似しています。収益の前倒しと損失の先送りによって株価を上昇させることで報酬が増えますので，粉飾のインセンティブが生まれてしまうのです。そのため，このような報酬制度についての批判も多くあがっていますが，米国ではそれを廃止することで経営者の成長に向けてのインセンティブが下がることで経済の活力が落ちることを懸念する意見も多く，規制する制度の強化で対応することになり，そのひとつが企業改革法だったのです。
　こういった米国での事象や対応施策は，日本の文化との違いを感じる人も多いかと思いますが，制度だけは米国から輸入して入ってきますので（例えば，Ｊ－ＳＯＸなど），日本型企業社会への調整については関係者は苦労しながら対応しています。

第3章　CIOが理解しておきたい「経理・財務」のポイント

10 「もうけ」を考えるためのコスト計算

　企業は営利を目的としていますので，利益の計算を行う必要があります。利益は，売上高からコストを引いたもので，それを最大化するためには，売上高を増やすか，費用を減らすか，という方策をとります。

① 単位ごとの損益イメージを把握する

　そのため，売上を上げる単位，製品，サービス，事業組織，ごとの利益計算を行う仕組みを用意する必要があります。これが正確にできないと，どの分野に経営資源を投資するかの判断ができません。

　管理会計まで含めた損益計算書のイメージを以下に示します。

	Aサービス	Bサービス	Cサービス	全社合計
売上高	×,×××	×,×××	×,×××	×,×××
売上原価	×,×××	×,×××	×,×××	×,×××
売上総利益	×,×××	×,×××	×,×××	×,×××
販売費一般管理費	×,×××	×,×××	×,×××	×,×××
営業利益	×,×××	×,×××	×,×××	×,×××
営業外損益	×,×××	×,×××	×,×××	×,×××
経常利益	×,×××	×,×××	×,×××	×,×××
税金等	×,×××	×,×××	×,×××	×,×××
当期純利益	×,×××	×,×××	×,×××	×,×××

　「○○利益」という行が利益計算の各段階の「もうけ」を表す部分です。そこを考えるにあたって，ITに関しては様々な考慮が必要になります。

② ITに関するコスト計算

　ITサービスそのものを販売するビジネスだけでなく，ITをコアコンピタンスとした事業を行う場合，ITにかかわるコストを計算する必要があるので

すが，この部分でもＩＴは難しい課題を有しています。

　ＰＣ，サーバ，ネットワーク機器を販売するといった物品の販売による売上高とコストの計算は比較的単純です。売上に直接対応するコストを**原価**と呼びますが，販売する物品を購入した金額が通常，原価となります（自分で製造している場合は製造にかかったコストの総額が原価となる）。

　しかしながら，ソフトウェアの場合，それが個別受注を受けたものであるならば，その受注にかかわる製造にかかったコストを計算する必要があります。一般的に，そのソフトウェアの製造にかかった時間に１時間あたりのコスト（人件費や経費）を掛け合わせたものを製造費用としますが，時間の集計を正確な計算区分で行わないと正しい結果が得られません。

　特にひとりの人間が複数の受注案件にかかわっている場合，特にそれが同じ客先のフェーズが異なる区分だったりすると，作業時間の切り分けが難しい場合があります。そういった意味で，物品の販売よりは複雑な管理が必要になります。

第3章　CIOが理解しておきたい「経理・財務」のポイント

11　SaaSに関するコストの切り分け

　さらに最近の「クラウド」型のSaaSなどですと，システムの開発費について，償却期間や原価配分の切り分けが難しい場合があり，提供サービスごとのコスト計算が困難となることで利益計算，場合によってはサービス価格の決定に悩むことにもなります。例えばクラウドの基幹を支えるベースとなるシステムの上に，個別サービス別アプリケーションがのっているようなケースでは，ベース部分のコストを個別サービスにどのように配分するのか，何らかの負担率を決める必要がありますが，その基準を決めることにつき実務的に難しいところがあります。

【図表3－9】「クラウド」でコストの配分は複雑化

メールシステム	ナレッジデータベースシステム	経費精算システム	業務管理システム
ベースシステム			

　また，クラウドサービスの場合は，それに使うためのハードウェアやソフトウェアを資産に計上して減価償却費がコストとなるケースが多いのですが，ビジネス採算性を考慮するのであれば，単純に税法基準で計算するのではなく，個別サービスの対価の有効期間，ライフサイクルを見積もった上で減価償却期間を設定することが必要になります。管理用と税務用，両方の対応が必要になるため，これも管理としては難しい点です。さらに，ベース部分を個別サービ

スに原価配分することなどが絡んでくると，さらに難しさが増してきます。

　ここまでは営業利益までの話ですが，ＩＴの場合は巨額な投資を伴うので，その資金調達コスト，例えば借入金利息などのコストも考慮する必要があります。

　ここまでで経常利益の話ですが，さらに税引き後の利益にあたっては税金コストを考慮する必要があります。ＩＴの場合，減価償却をビジネスライフサイクルで計算するために税法耐用年数と異なり，結果として税金支払と単なる利益に税率を掛け合わせたもので済まず，その差異（一時差異→第１章　変わりつつあるＣＩＯの業務─23「利益」を生み出すために─の項を参照）を考慮することが必要になります。

　大変厄介な話ですが，こういった検討は特にＩＴをコアコンピタンスとしている企業のＣＩＯとしては避けては通れません。もちろん，経理・財務部門の協力のもとで検討を進めるのですが，その前提としての利益獲得モデルの定義がないと，利益計算の仕組みを作ることができません。その部分はＣＩＯの重要な役割です。

第3章　ＣＩＯが理解しておきたい「経理・財務」のポイント

コラム：「減価償却」とは？？？

　会計上の概念で「減価償却」という手続きがあります。言葉が少し難しいですが，表す意味は単純です。概念についてはご存知の方も多いかとは思いますが，あらためて会計上の考え方を整理しておきましょう。

　例えばサーバを100万円で購入し，５年間，サーバレンタル事業で外部に30万円で貸すことにします。
　このような単純な取引を考えた場合には，会計上どのような処理をするのでしょう？
　現金ベースで考えるならば，100万円支払ったらその支払った期の費用になります。そうすると，サーバレンタルで100万円支払いがでてしまうので，

　　収入　30万円　－　支出　100万円　＝　△70万円　（赤字！！）

　１年目，70万円の赤字になってしまいます。
　これはこれで仕方がないと思われますか？なんとなく釈然としないのではないでしょうか。
　それは，このサーバは５年間利用できるのに，支出だけは初年度の１年目に全額計上しているから，初年度だけ大きな赤字になってしまうのです。
　企業の設備投資と，そこから得られる収益が入ってくるタイミングはまちまちで，いつも同じ時期とは限りません。
　そこで，会計上は，正しいもうけを把握するために，「減価償却」という考え方を取り入れました。

すなわち，支出した100万円分について，サーバを利用する期間にわたって「費用」として計上していく方法です。会計上の考え方をとるときには現金ベースで利用していた用語を以下のように読み変えます。

現金主義の考え方　　収入　－　支出
　　　　　　　　　　　↓　　　　↓
会計の考え方　　　　収益　－　費用

会計上の考え方では，30万円の収益を獲得するために費消されている便益を各収益に対応させるという手続きを踏みます。
　すなわち，売上を得るにあたり，費やされた費用を紐づけるのです。
　これで，各年度に属する適切な「もうけ」が各年度に按分されます。

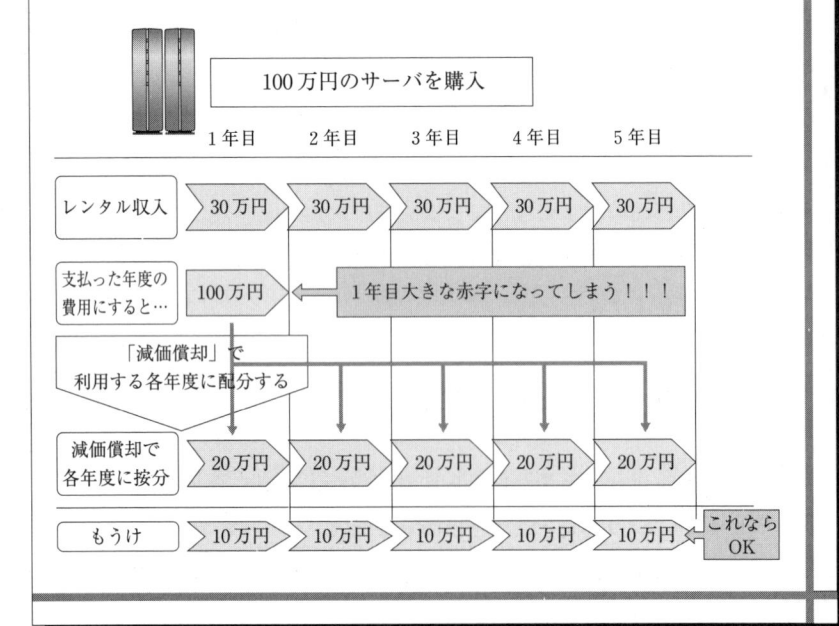

	1年目	2年目	3年目	4年目	5年目
レンタル収入	30万円	30万円	30万円	30万円	30万円
支払った年度の費用にすると…	100万円	←1年目大きな赤字になってしまう！！！			
減価償却で各年度に按分	20万円	20万円	20万円	20万円	20万円
もうけ	10万円	10万円	10万円	10万円	10万円 → これならOK

100万円のサーバを購入

「減価償却」で利用する各年度に配分する

第3章　ＣＩＯが理解しておきたい「経理・財務」のポイント

12 資産か費用か

　ＩＴに関連する支出は，長期的に効果を発揮するもの，すなわち投資的な支出，会計的な用語でいうと「**資本的支出**」に該当するものも多くあります。

　資本的支出とは，企業が持つ有形の固定資産にそのお金の支払いを行うことで，複数年にわたり資産が資産の使用可能期間を延長させたり，その資産の価値を増加させる場合の支出を指します。この「資本的支出」については，資産の使用可能期間を延長させることになった支出を使用期間に按分する手続きを踏みます。

　他にも，制作費の会計処理についても，資産か，費用かの峻別が必要です。

　「収益獲得目的のソフトウェア」，「社内利用のソフトウェア」のいずれにおいても，自社利用ソフトウェアの制作に係る費用については，一定の判断規準に従って無形固定資産に計上するか，費用処理を行うかの会計処理を行います。自社利用のソフトウェアの利用により，将来の収益獲得，もしくは費用削減効果があると認められるときには，資産計上を行います。

　ＩＴに関する投資には，会計の用語の「固定資産」か「費用」かいずれかに峻別することが求められる場面が相当あります。したがって，ＩＴ投資を考える立場であるＣＩＯにとっては，固定資産か費用かの会計処理について，十分に理解をしておく必要があります。

　さらに，固定資産の会計処理ですが，税金計算と大きなかかわりがあります。資産に計上した支出は税金上の費用（「損金」と言う）とはならず，減価償却を行うことで税金上の費用となります。減価償却の仕方については，会計基準で定められていますが，実務的には税金計算の前提となる税法に準じた処理が一般的に行われています。これは各国で制度が異なり，日本では会計処理で計上された減価償却費が税法で認められた方法で計上されていることで「損金」となりますが，国によっては会計と切り離された税金計算が行われるケースも

あります。

【図表3－10】自社利用のソフトウェアの会計処理

・収益獲得目的ソフトウェア：
　　通信ソフトウェアや，第三者への業務処理サービスの提供に用いるソフトウェア等
・費用削減目的ソフトウェア：
　　複数業務を統合するシステムやデータベース・ネットワーク，基幹業務システム等

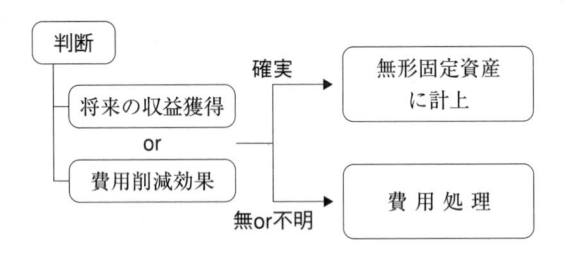

```
判断
 ├ 将来の収益獲得   ─確実→   無形固定資産に計上
 │    or
 └ 費用削減効果    ─無or不明→ 費用処理
```

要素が「複合」している場合の判断をどうするのか

13　グローバル化した経営の資産管理

　従来は固定資産の会計処理は一般に国別に分かれていますが，最近は経営をグローバルで統合した組織で運営する企業も増えてきているので，国を超えて統合した資産管理をする，といった形も出始めています。

　この統合管理のメリットは，最近はＩＴベンダーがグローバルに統合・選別されて数が少なくなってきていることもあり，①グローバルベースで統合した調達で価格を下げることが可能になるコスト面でのメリット，②企業がビジネスをグローバルで展開するにあたり世界中でＩＴ機器を利用する際にそのサポートが各国で同じように受けられる業務効率性のメリットなどがあります。

　ＰＣ（ハードもＯＳもデスクトップアプリケーションも含む）にしても，プリンタや複合機にしても，世界に存在するベンダーは少なくなってきているの

第3章　CIOが理解しておきたい「経理・財務」のポイント

で，グローバル企業の場合は，グローバルベースでの契約がし易くなっています。いままで国別で価格交渉や最適化ができなかったものが，例えばPCを全世界統一で購入することで，一般市販の価格よりも相当に安く調達できるのです。

　そういったグローバルベースでの調達を行うためには，管理もグローバルベースである必要があり，全世界一括でライフサイクルを含めて管理していく必要があります。

　最近，サイバーアタックなどが多くなっていますが，これを防止する手段としてネットワークに接続されている機器を統合的に管理する「ITガバナンス強化」が有効です。複数の国にまたがってビジネスを行っているとき，小さな海外拠点のPCやサーバが日本の本社のネットワークにつながっている際に，その小さな国でITセキュリティの対策が不十分（例えば最新のウィルス対策がされていないなど）ですと，そこから悪意のハッカーに侵入されてしまいます。どんなに小さな拠点でそこが外国であっても，同じように管理されていることが必要であり，IT機器の場合はネットワークで接続されているので特に慎重な配慮が必要です。これらIT機器の管理，固定資産の統合管理が企業リスク対策の面でのメリットともなります。

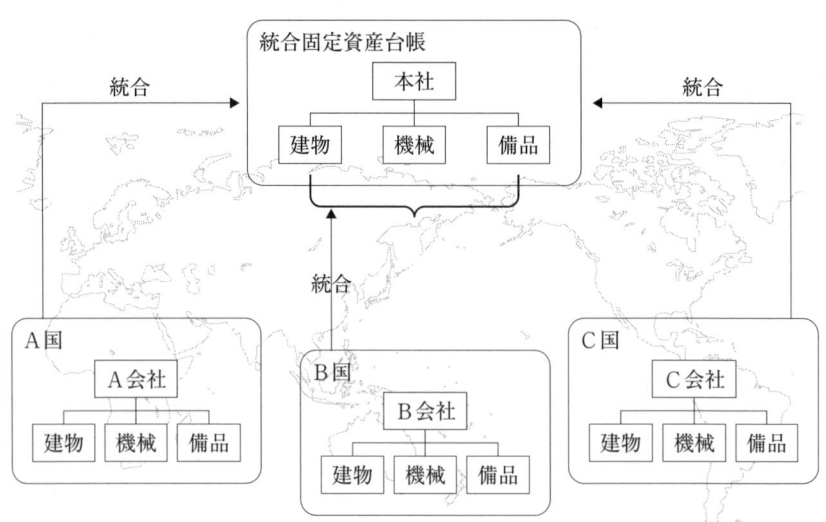

【図表3−11】固定資産のグローバル統合管理時代へ

統合固定資産台帳
- 本社
  - 建物／機械／備品

統合 ← → 統合 ← → 統合

- A国：A会社（建物／機械／備品）
- B国：B会社（建物／機械／備品）
- C国：C会社（建物／機械／備品）

14　資産となった後は何が起きるのか

　前述した統合管理において，実務的には会計処理上の様々な課題が生じます。通常，国別という場合，会社は国ごとに別な組織になっているのが一般的です。会社が分かれているため，財務諸表は連結財務諸表を作成しますが，固定資産の管理の場合，固定資産台帳という個別の資産アイテムごとの管理をどう統合するのか，という課題があります。

　例えば日本でサーバを購入して100万円で買います。すると，減価償却が5年（残存簿価0円になるまで償却と仮定する）として，毎年20万円の減価償却費になりますが，中国にシェアードサービス会社を置いて，その会社がサーバを所有して，日本が使用する場合，その使用料は減価償却費に合わせて毎年20万円とするのが正しい処理ですが，調達金額の100万円を支払って「使用料」

第3章　CIOが理解しておきたい「経理・財務」のポイント

としてしまうかもしれません。そうすると資産化されず100万円が費用で，利用実態は同じでも日本で所有する場合とは異なる会計処理になります。これは極端な例ですが，減価償却を行う期間＝耐用年数は，会計上の定義とは別に各国の税法で定められていますので，日本で所有している場合と単純に同じにはならないケースが生じます。

　固定資産の会計処理で，もう一つの課題は「減損」です。

　「減損」とは，固定資産を活用することで将来得られるであろうキャッシュフローが，固定資産の貸借対照表に計上されている帳簿価額まで届かないと見積もられた場合に，キャッシュで回収されることが可能な範囲まで帳簿価額を減額するという会計処理です。

　資産に計上されているものを減額し，費用として計上するので，損益計算書上，利益を減らす要因となります。

　この減損においても，IT資産の「所有」と「利用」が分かれた場合の会計処理において考慮が必要になります。

　通常，IT資産を固定資産として貸借対照表に計上している会社は，その固定資産を利用してビジネスを行っている会社です。

　シェアードのように固定資産を所有している会社がビジネスを行っている会社と別な場合には，「減損」をどうするか，工夫が必要になります。シェアード会社がグループ企業で連結の範囲に含まれている場合に，連結財務諸表では減損を行うことは，単純に連結財務諸表を作成する会計処理で行えるのですが，個別企業の会計処理については，いくつか選択肢が生じます。

　シェアード会社に支払う料金を下げることによってシェアード会社としての減損を行う，シェアード会社が減損を行った費用計上に見合う補填金を利用会社が支払う，資産を一旦利用会社に譲渡して利用会社が減損する等，の処理方法があります。

第4章 ICT（情報通信技術）と「経理・財務」の関係を理解する

1　ITと会計・監査のかかわりは深い
2　「監査」をどう考えるか
3　リスクアプローチとは
4　内部統制の本質を理解する
5　ITと会計は経営のインフラ
6　グローバルを意識した経営インフラ
7　「会計システム」で「経営」を意識する

1 ITと会計・監査のかかわりは深い

まず最初に言えるのが，ITの会計処理は，「判断」の要素が多いことです。会計上の高度な判断だけでなく，「見積」を伴う判断も多いのが特徴です。「見積」は，会計の要素として難易度が高いものです。恣意的な要素が強く，客観性を説明することが難しいためです。

売上高の場合は，ハード，ソフト，サービスの組み合わせ，企画，設計，開発，運用のフェーズ判断など，一連の業務の切り分けが困難で，価格の配分も不明確なことが多いのです。

コスト面としては，ソフトウェアの資産化・費用化の区分が難しく，特にパッケージソフトウェアの開発において，どの段階までが費用化され，どこから資産化されるかは，実務的には議論が多いところです。

会計基準では，「最初に製品化された製品マスターの完成時点まで」が一時費用化されていますが，この時点についての説明が，

・製品性を判断できる程度のプロトタイプが完成していること
・プロトタイプを制作しない場合は，製品として販売するための重要な機能が完成しており，かつ重要な不具合を解消していること

であり，実務的には解釈や判断が必要になります。

また，ITを本業としていない企業であっても，IT投資の大きな企業は多く，その場合に適用される「自社利用ソフトウェアの会計処理」では「将来の収益獲得又は費用削減が確実であると認められる場合に無形固定資産として資産計上」されていますが，ここでも「判断」や「見積」が必要になります。

① 「見積」要素の範囲拡大

一昔前は，会計監査での大きな不正取引は資金の不正な使いこみ，架空資産の計上（劣化した棚卸資産を簿価のまま計上するなど），架空売上計上（出荷データの偽装など），などが主たる手法であったため，そういった不正を見破るための監査手続は，実査（現金や有価証券の現物をカウントする）・立会（会

第4章 ＩＣＴ（情報通信技術）と「経理・財務」の関係を理解する

社が行う棚卸に立ち会って実施状況をチェックする）・確認（銀行や取引先に監査人が直接文書で取引を照会する）といった「実証手続」と呼ばれる手法で，対応可能でした。

ところが，ＩＴ関連取引では，ソフトウェアやサービスのように物理的な確認が取り難いものが多くなり，その特性を利用した不正が増加しています。

不正スキームが複雑化しているため，伝統的な監査手法で発見することが困難なケースが多くなり，また，不正とまでも言わないまでも，会計数値の確定にあたって，「見積」要素が拡大していることから，意図せざる間違いである会計上の誤謬が発生しやすくなってます。

「見積」が求められる会計項目（例）

・貸倒引当金　　　　　・工事進行基準
・退職給付　　　　　　・研究開発費の資産計上
・税効果会計　　　　　・収益認識
・資産除去債務　　　　・減損

こういったＩＴ関連取引のそもそもの性質に加え，技術革新スピード向上，経営環境激変などが，その傾向により一層拍車をかけています。

② 最新テクノロジーによる企業組織の変革

最新テクノロジーの導入により，企業組織の変革も重要なポイントです。企業の内部統制も承認の電子化等により，証跡を物理的に確認することが困難で，ＩＴによる内部統制への依存度が高まっています。そのため，監査人（外部，内部ともに）のＩＴ理解度の向上が求められ，監査法人などによる会計監査においても，ＩＴの専門家の利用が必須となっています。

監査を実施する際に確認する証跡も電子証跡となり，その生成プロセスを十分に理解していないと容易に改ざんを許すことになります。また，企業内，場合によって企業外部まで含めた仮想型組織が形成され，それを統制する仕組みをＩＴで構築するケースも増えており，ガバナンスの形も従来想定されたものと異なってきています。

2　「監査」をどう考えるか

　前述したとおり，ITと監査のかかわりの重要性が増してきています。
　ところで，監査と言っても，様々な種類のものがあります。実態監査（業務そのものの監査）の代表例である監査役監査や，社内監査部門が担当する内部監査，ITシステムに関するシステム監査などがありますが，ここでは一番ポピュラーな形態の監査である，財務諸表監査とのかかわりをまずとりあげましょう。
　財務諸表監査を実施するため監査基準では，内部統制を前提としたリスクアプローチでの実施が定められています。企業活動の多くの分野がITに依存している現在，ITに依存した内部統制が多く存在します。ITの理解なしに監査を実施できない時代となったのです。
　財務数値の形成に直接的に影響する業務アプリケーションにビルトインされた内部統制だけでなく，アプリケーションの内部統制機能を支えるITそのものの内部統制も重要です。
　外部監査のうち，もっとも主要な制度である財務諸表監査においては，ITが大変重要な要素を占めるため，それをつかさどるCIOは財務諸表監査の構造についての十分な理解が必要です。
　財務諸表監査の全体構造は大変大きな話となってしまうため，ここではITの責任者であるCIOが特に注目すべきポイントに絞って述べます。以下少々，監査の専門用語が出てきます。

第4章 ICT（情報通信技術）と「経理・財務」の関係を理解する

【図表4－1】 IT統制の種類

会社レベルでの統制

IT統制環境に対する会社レベルの統制は組織の気風を決定する。
例として：
・運用のスタイル
・会社の方針
・統治
・協力
・情報の共有

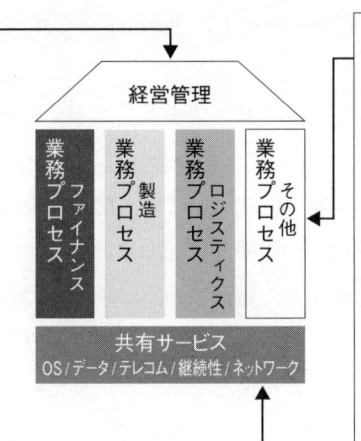

経営管理

業務プロセス ファイナンス / 業務プロセス 製造 / 業務プロセス ロジスティクス / 業務プロセス その他

共有サービス
OS／データ／テレコム／継続性／ネットワーク

全般統制

ITのサービスに組み込まれた統制は全般統制を形成する。
例として：
・プログラム開発
・プログラムの変更
・コンピュータ・オペレーション
・プログラムとデータへのアクセス

アプリケーション統制

業務プロセスのアプリケーションに組み込まれた統制。大きなERPシステムや，より小さな「最善の組合せ」のシステムはアプリケーション統制と呼ばれている。
例として：
・網羅性
・正確性
・妥当性
・承認
・職務の分離

3 リスクアプローチとは

　先ほど，監査基準では内部統制を前提とした「リスクアプローチ」を採用していると記しました。「リスクアプローチ」に基づく監査は，「重要な虚偽の表示が生じる可能性が高い事項」について重点的に監査の人員や時間を充てることにより，監査を効果的かつ効率的にします。

　「重要な虚偽の表示が生じる可能性が高い事項」の判断根拠が「重要な虚偽表示リスク」と言われるもので，この「重要な虚偽表示リスク」が低いほど監査を効率的に実施することが可能となる，言い換えれば監査の工数は少なくて済み，結果として監査のコストも下がるのです。

　式で表すと，「重要な虚偽表示リスク＝固有リスク×統制リスク」ですが，「固有リスク」とは，経営環境により影響を受ける種々のリスク，特定の取引記録及び財務諸表項目が本来有するリスクで，具体的には，

- 景気の後退期になると，棚卸資産の在庫が増加し，陳腐化した棚卸資産が滞留する
- 会社が技術革新のテンポの著しく速い産業に属する場合には，生産設備の陳腐化が著しく，遊休資産の発生，棚卸資産の陳腐化
- 商慣習が確立していない業界では，売上計上時点が不明確，代金回収が不規則なため異常が識別しにくく不正が発生
- 受注産業に属する会社の場合，熾烈な受注競争が展開され，裏リベート等の支出の発生
- 現金や有価証券は，盗難の危険性が高く，また，経営者や従業員の横領の対象となる可能性
- 資産の評価や引当金の計上は，経営者の見積りや判断が必要なので，実際の商取引に基づく会計記録より虚偽の表示の生じる可能性

というもので，ビジネスモデルを変えない限りコントロールできないもので，実務的にはコントロールが難しいものです。

第4章　ＩＣＴ（情報通信技術）と「経理・財務」の関係を理解する

「統制リスク」の方は，虚偽表示（意図的な間違いと意図しない間違いの両方を含む）が内部統制によって防止または適時に発見されないリスクであるので，内部統制の強化で下げることができます。

二つの掛け算の要素のうち，比較的コントロールしやすいのが「統制リスク」ですが，最近は内部統制のＩＴへの依存度が高まっているので，ＩＴそのものおよびＩＴを利用した内部統制を強化することで，「重要な虚偽表示リスク」を下げることに大いに貢献できますので，ＣＩＯの果たす役割は重要です。

なお，「重要な虚偽表示リスク」を低くするための努力は，監査の効率化が最終目的ではなく，企業としてのリスクを下げることが目的です。

コラム：コンピュータ利用監査って？

　現代の企業を取り巻く経営環境では企業活動においてＩＴシステムに依存する部分が年々大きくなっています。会計に対して実施する監査実務においては，企業活動の結果としての財務情報や関連する情報についてＩＴを用いて管理するので監査の局面でいかにＩＴを有効活用するかが非常に重要です。

　とりわけ，企業で活用している各種データに対して直接的に監査手続を行う必要性が高くなり，企業のＩＴからアウトプットで出されるＣＡＡＴ（Computer Assisted Audit Techniques－コンピュータ監査技法）と呼ばれる，ＩＴを用いた監査手法が発達し，その重要性が増しています。

　ＣＡＡＴは企業が利用しているＩＴから直接データを抽出するなどして，データに対して直接的に監査手続を適用できることから，実証性テストを容易に実施でき，効率的な活用により監査コストの低減にもつながります。

　このように，ＣＡＡＴが依拠する監査手法や統計等の理論を説明しながら，実際のデータ分析ソフトウェアを利用して進めていきます。ＣＡＡＴは一般的に表計算ソフトウェアや，データベースソフトウェアを使うことでも可能ですが専用のアプリケーションが開発され，ＣＡＡＴを行うためのツールとしてＡＣＬというソフトが発売されています。

　規則性を持って異常点を発見するのがＣＡＡＴの特徴ですが，異常点検出の方法論の一つとして「ベンフォードの法則」があります。

　企業から入手したデータを基に，数値の発生頻度のグラフを作成し分析して，この法則とかけ離れている場合，その数字は人為的に操作

第4章　ICT（情報通信技術）と「経理・財務」の関係を理解する

されたデータの可能性があります。この手続きを積み上げていくことで，異常点データの絞り込みをして，監査を効率的に実施します。

このような分析も以前はメインフレームの大型コンピュータを利用したのですが，現在はPCを用いたCAATによる監査手続が楽にできるようになり，監査の現場で活用されています。

ベンフォードの法則

■ランダムな数字の最大桁の数（先頭の数字）は，1が一番多く（約30％），次に2，3と続き，9が一番少ない（約5％）という法則

■最大桁の数字がnとなる確率＝$\log_{10}(1+1/n)$と表せる

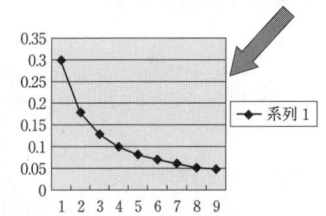

4 内部統制の本質を理解する

内部統制を言葉で説明して理解していただくのはすこし難しいので,ここで,簡単な「寸劇」を紹介します。

＊＊＊潜入開始＊＊＊

指令：製造業のＡ社に潜入して，１億円の架空売上伝票の入力を実現せよ。

部下：ボス！だめでした。入り口の守衛に咎められました。
ボス：うん，そうか。手を挙げて親しそうに挨拶せよ。

部下：ボス！だめでした。社員カードを持っていないのです。
ボス：うん，そうか。中途採用に応募して入社せよ。

部下：ボス！喜んでください！エリート部門の人事部に配属になりました。
ボス：ばかかお前は。経理部に配置転換を申請しろ。

＊＊＊経理部配置転換＊＊＊

部下：ボス！喜んでください！経理部に配属になり，会計システムに触れるようになりました。
ボス：うん，そうか。さっそく１億円の架空売上を入力しろ。
部下：ボス！だめでした。上司に承認をもらえませんでした。だめだって。
ボス：ばかかお前は。承認をもらわずに入力せよ。
部下：ボス！だめでした。承認をもらわずに入力しても電子承認なので結局蹴られます。

第4章　ICT（情報通信技術）と「経理・財務」の関係を理解する

ボス：うん，そうか。売上入力の出来るほかの方法はないのか？
部下：受注情報の入力は営業部ですかね。
ボス：うん，そうか。それだ！誰が売上を入力しているんだ？
部下：販売システムから売上仕訳が自動で流れてくるそうです。
ボス：それも電子承認か？
部下：自動なので誰もチェックしてない，する必要がないって課長が言っていましたよ。
ボス：うん，そうか。営業部に配置転換を申請しろ。

＊＊＊営業部配置転換＊＊＊

部下：ボス！だめでした。君は営業部向きではないって言われました。
ボス：うん，そうか。別に配置転換しなくてもいいわけだな。深夜に営業部に侵入して入力せよ。
部下：ボス！だめでした。ユーザＩＤとパスワードが要求されます。
ボス：うん，そうか。誰かの机にＩＤとパスワードを書いたメモはなかったか？
部下：確認します。

＊＊＊深夜の営業部侵入後＊＊＊

部下：ボス！喜んでください。結構メモ書きがありましたので販売システムにログインできました。
ボス：そうか！やったな！１億円分入力してきたか？
部下：何をどう入力したらよいかわかりませんでした。
ボス：ばかかお前は。いろいろ試すんだよ。
部下：ボス！喜んでください。何とか１億円分の受注入力が出来ました。
ボス：うん，そうか。架空売上が実現したわけだな？
部下：いいえ，明日には現実に出荷されちゃうと思います。

部　下

ボス：ばかかお前は。それじゃ私の考える架空売上にならんだろうが。出荷を伴わない架空売上を実現させるんだよ。

部下：う～ん。営業部じゃ無理ですね。経理部に戻りましょうか？

ボス：そうだな，指令だ。5年の時間をやる。経理課長になってこい。

＊＊＊5年後＊＊＊＊

部下：ボス！喜んでください。経理課長に昇格しました。

ボス：うん，そうか。もう経理伝票の承認ができるわけだな？

部下：それが自分で入力した伝票を自己承認できないシステムなんです。

ボス：ええい！誰かに入力させられないのか？

部下：共謀はだめだって最初にボスが言ったじゃないですか。

ボス：うん，共謀はだめだ。ほら，適当にだましてさ，入力させるんだよ。

部下：ボス！だめでした。部下に断られちゃいました。証憑のない入力を禁じている業務規程に違反するって。結局決算伝票での入力の指示も断られちゃいました。

ボス：ええい！しっかりした規程があって周知されているのだな。うん，10年の時間をやる。社長になってこい。社長なら何でも出来るだろう。

＊＊＊10年後＊＊＊＊

部下：社長に選任されました。

ボス：うん，そうか。社長なら会計システムで何でもできるだろう。

部下：それがボス。社長には会計システムにアクセスする権限がないんですって。必要ないって。

ボス：しかし社長だろう？社長の命令は絶対じゃないのか？

部下：でも社長の威光で入力を指示するのはだめだって最初にボスが言ったじゃないですか。

ボス：そんなことは言っていない。

部下：いいえ，言いました。

第4章 ＩＣＴ（情報通信技術）と「経理・財務」の関係を理解する

ボス：うん，そうか。あとはどんな方法があるのだ。
部下：情報システム部だとデータを直接いじれるそうです。
ボス：それだ。情報システム部を兼務しろ。
部下：ボス！喜んでください。社長兼情報システム部長になりました。
ボス：うん，そうか！では指令を達成したのだな？
部下：システムの知識がないので馬鹿にされております。今初級シスアドを勉強中です。
ボス：ばかかお前は。データの改ざんを指示すればいいんだよ。
部下：ボス！だめでした。データ変更の理由を聞かれて答えられませんでした。
ボス：よし，100万円のインセンティブを与えてこい。
部下：ボス！だめでした。100万円と自分の人生を天秤にかけたようです。断られちゃいました。
ボス：よし，いくらのインセンティブなら実施するのか聞いてこい。
部下：ボス！いくら積まれてもきちんとした申請書がなければやらないって言われちゃいました。もういいですか？私も本業の社長業に戻りたいんですけど？
ボス：・・・・・・・。
ボス：はっ！これは内部統制が有効ってことなの？

> 内部統制のポイント解説

　いかがでしたか？仕事に忠実でしっかり者の部下と，思うように指令を達成してこない部下にしびれを切らすボスの掛け合いで，企業に潜入して架空伝票を入力するミッション達成にあたり，有効な内部統制がいかに必要か，理解していただけたでしょうか。
　内部統制とはなにか簡単に説明すると，大雑把には「不正やミスを防ぐための社内のチェック機能」を指します。

(1) 守衛による牽制及び入退室のセキュリティ管理
- 会社内は重要な機密の宝庫であり，部外者の入館あるいは入室が容易に可能であれば会計上のリスク以前の様々なリスクがあります。
- 上記の会話では営業部への侵入事例があったが，人事部や経理部などへの部外者の侵入なども考えられます。

(2) 入力者と異なる承認者の存在，電子承認機能及び自己承認防御機能
- 会計データ入力者の入力内容を第三者が検証し，承認行為を行うことは内部統制上重要なものと考えられます。
- この点，業務の効率化などを目的として会計データ入力者のセルフチェックのみで済ませ，第三者が関与しない等，業務を属人性に委ねるという状況はリストラを繰り返してきた日本では多々見受けられるが，この場合には内部統制そのものが存在せず，会計上のリスクが高まるものと考えられます。

(3) 情報システムを利用する際のユーザＩＤ及びパスワード管理
- 情報システムに蓄積されている情報の重要性により，ログイン時にユーザＩＤやパスワードが要求されるシステムも多く見られます。
- アクセス可能な人員を必要最小限に抑えるという点で非常にすぐれた内部統制機能であるが，ともすればパスワードが覚えづらい等の理由で紙に記録し見えやすい場所に添付しておくなどの運用が多く見られます。このような運用ではせっかく構築した内部統制が機能しなくなります。

(4) 業務規程
- 業務規程は，業務の有効性及び効率性を保つために策定される。但し，策定するだけでは業務規程は有効に機能しないため，関連する従業員に周知徹底することが必要です。
- 上記の会話では情報システム部員が申請書のないデータ修正依頼を断りましたが，業務規程が周知徹底され，内部統制が有効に機能していることを表しています。

第4章　ＩＣＴ（情報通信技術）と「経理・財務」の関係を理解する

(5) 内部統制が無効化される場合
- 会社が如何に有効な内部統制を構築しても，その内部統制が無効化される場合があります。
- わかりやすくいうと，2人以上の人間が一つの業務に関わり，お互いに牽制することで内部統制が機能する場合が多いが，複数の人間が共謀してしまった場合には構築した内部統制が無効化されます。
- また，有効な内部統制の仕組みがあったとしても社長の威光で不適切な会計処理を指示された場合，その圧力に逆らえないまま不正な会計処理を実行してしまうことも考えられる。ここに内部統制の限界があります。

(6) 企 業 風 土
- 上記の会話では「不正は行わない」という強い意志が各従業員に感じられ，ここに良い企業風土が認められています。
- 内部統制はそれだけでは完全に機能せず，有効に機能するためにはやはり不正をおこさないための企業風土の構築が必要です。これは経営層のみの役割ではなく，会社の構成員の全ての方の参画が必要です。

5　ＩＴと会計は経営のインフラ

　企業経営を支えるインフラには，経営方針・戦略，企業ガバナンス，人事制度，会計制度，ＩＴなどがあります。

　現代の企業にとって，ＩＴはとても重要なインフラです。会計制度も重要なインフラですが，この二つには共通点があります。それはグローバル化の波にのまれていることです。

　多くの企業経営インフラはローカル基準に依存する部分も多いですが，ＩＴと会計は国際標準化がもっとも進んだ分野となりました。

いまやグローバル規模でビジネスを展開している企業は，大規模企業に限りません。自動車産業やエレクトロニクス産業における日本の大企業の海外展開に合わせ，中小規模の企業も海外への展開を進めざるを得ない状況となっています。

こういった流れの中，日本の上場企業の中でも特にグローバルで事業を展開している企業では，世界各国に設立した現地法人のローカル会計基準で作成された財務諸表を基に日本基準ではなく国際財務報告基準（IFRS）で連結財務諸表を作成するという動きもあります。

これは制度的な会計の国際的な基準の統一・採用の話ですが，経営管理の手法として，「グローバルレベルでの企業の経営指標（KPI＝Key Performance Indicator）の定義と管理」や「グローバルレベルでの取引情報の明細ベースでの統合管理（大福帳システム）」を行うためにERP（Enterprise Resource Planning）システムをグループ全体に導入する流れも強まっています。

国を超えたITでの経営管理，これは最近のCIOのキーワードです。

6 グローバルを意識した経営インフラ

企業の規模にかかわらず，グローバル化の波にのっている，販売の市場が海外であったり，調達が海外であったりする。調達は物品だけでなく，サービスも含まれます。

IT業界では，インドや中国のオフショア開発などは取り組みが進んでいます。オフショア開発を開始した当初は品質管理等で苦労した企業も多かったのですが，最近はかなりこなれてきたようです。

IT分野でのサービスの調達では，コールセンターのオフショア化が進んでいます。日本語リソースの調達がしやすい中国・大連などで展開されています。

ITそのものだけでなく，経理，人事事務処理などのオフショア化も進んで

第4章 ＩＣＴ（情報通信技術）と「経理・財務」の関係を理解する

います。主たる目的は人件費の低い地域を使ったコスト削減ですが，最近はＢＰＯ推進によって，業務ナレッジを蓄積したシェアードサービス利用による業務改善への取り組みも始まっています。

こういった経営環境の中では，ＩＴや会計といった経営インフラを担う立場の人間は，グローバルを意識せざるを得ない状況です。特に，中国，インド等アジア周辺地域への注目が肝要です。

ＣＩＯとしては，ＩＴ資源の配置戦略にあたり，グローバルを意識した経営インフラとしての重要性を十分に意識することが必要でしょう。

7 「会計システム」で「経営」を意識する

ＥＲＰの導入が進むにつれ，従来，「総勘定元帳作成システム」であった「会計システム」は，「経営管理システム」に変貌してきました。

総勘定元帳では，会計仕訳の情報管理でしたが，ＥＲＰとなり，経営上の様々なＫＰＩ管理に活用されるようになりました。

ＥＲＰの管理範囲は，人事データにも及び，それは広範囲なものなのですが，会計情報が中心であることに変わりなく，経理部門が中心となって所管しているケースが多いです。

最近においては，ＥＲＰに蓄積された情報をデータウェアハウスで企業内のありとあらゆる部門で活用が促進され，その利用携帯も紙→ＰＣ→スマートフォン・タブレットといった端末媒体の変容に合わせ，ＩＴとしてのデータの持ち方，処理プロセス，レポーティングシステムの多様化が求められるようになりました。

【図表4－2】いわゆる「会計システム」の範囲が広がっている

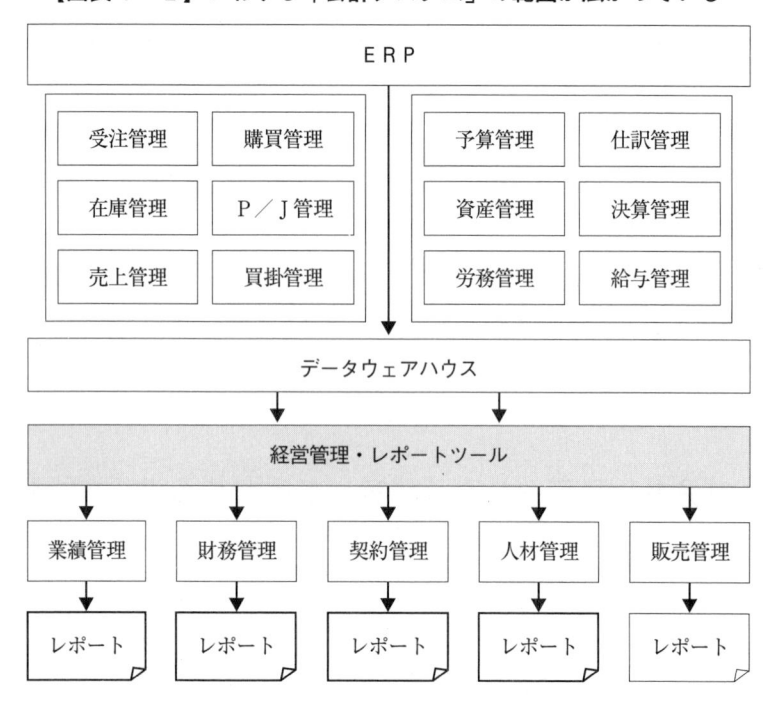

```
┌─────────────────────────────────────────┐
│                  ERP                    │
│  ┌──────┐ ┌──────┐   ┌──────┐ ┌──────┐  │
│  │受注管理│ │購買管理│   │予算管理│ │仕訳管理│  │
│  └──────┘ └──────┘   └──────┘ └──────┘  │
│  ┌──────┐ ┌──────┐   ┌──────┐ ┌──────┐  │
│  │在庫管理│ │P／J管理│   │資産管理│ │決算管理│  │
│  └──────┘ └──────┘   └──────┘ └──────┘  │
│  ┌──────┐ ┌──────┐   ┌──────┐ ┌──────┐  │
│  │売上管理│ │買掛管理│   │労務管理│ │給与管理│  │
│  └──────┘ └──────┘   └──────┘ └──────┘  │
└─────────────────────────────────────────┘
              │
        データウェアハウス
              │
       経営管理・レポートツール
    │      │      │      │      │
 業績管理 財務管理 契約管理 人材管理 販売管理
  レポート レポート レポート レポート レポート
```

　そのため，ERPに対するIT部門のかかわりは，従来のITインフラ提供やアプリケーション開発にとどまらず，経営観点からの企画分野でのニーズが増大しています。これもITが経営のコアコンピタンスとなってきた一例でしょう。

　そのため，CIOやIT部門構成員は，より一層「経営」を意識する必要があります。それはITによる経営管理システムの構築の際に，具体的な方針ごととして組み込まれるようにならなければなりません。例えば経営者が「キャッシュフロー経営」を重視しているにもかかわらず，キャッシュフローが管理される仕組みがないというおかしなことになります。

第5章 CIOが意識すべきクラウドの活用のポイント

1　ビジネスライフサイクルとクラウド・コンピューティング
2　クラウド・コンピューティングのビジネスモデル類型
3　サービスの性質とサービス提供の形態
4　クラウドの分類：サービス提供の形態
5　クラウドの分類：クラウドの性質
6　所有から利用へ
7　「所有」と「利用」の会計処理
8　経営戦略におけるクラウドの活用
9　クラウドが企業の「経理・財務」へ与える影響

1 ビジネスライフサイクルとクラウド・コンピューティング

　昨今のＣＩＯの業務を考えるにあたり，まず重要なポイントは前章までにおいても指摘してきましたビジネスのライフサイクルとの関連です。企業環境の変化のスパンが日々短くなっています。

　例えば昔のオフィスコンピュータは５年，10年ぐらい使っていました。給与計算なども同じ仕組みで何年も同様の対応をしていました。社会の仕組みがあまり変わらないので，それでよかったわけです。ところが，単純なはずの給与計算ですら，いまは成果主義だとか，ストックオプションだとか，いろいろな複雑なものが入ってきて，そんな長いスパンで同じことは考えられません。そういったビジネスのライフサイクルと，対応するＩＴのライフサイクルを考えなければいけないのです。

　ビジネスライフサイクルとの関係で，今後活用が加速していくと思われるキーワードが，このところ新聞でその言葉を見ない日がないといっても過言ではない，「クラウド・コンピューティング」です。ウェブ化の進展とも関連していますが，クラウド化という言葉が大変重要な位置を占めてきています。

　クラウド・コンピューティングには，イメージでいうとグーグル，アマゾン，セールスフォースなど，一般的に使われているパブリック・クラウドや最近企業内システムに活用されているプライベート・クラウドがあり，またベンダーサイドとユーザーサイドの話があるのですが，ここではクラウドをユーザーサイドから考えてみましょう。

　ユーザーサイドからクラウドの活用を考えた場合には，企業向け（コーポレート），消費者向けという二つのパターンに分けられます。

　消費者向けは，まさに個人をターゲットにしていて，ヤフーのブリーフケースや，グーグルのＧ−mailのような，皆さんもなじみのある一般的に個々人が使えるシステムです。

第5章　ＣＩＯが意識すべきクラウドの活用のポイント

　一方の企業向けは，セールスフォースとか，例えば企業が使う営業系のシステムをクラウド化して提供しているサービスです。例えばエコポイントの管理システムは，セールスフォースのクラウドでできているといった事例がありました。エコポイントの運用は日本で行われていても，データとしては海外サーバにおいてあることがあり得ます。これがクラウド・コンピューティングの特徴です。

2　クラウド・コンピューティングのビジネスモデル類型

　クラウド・コンピューティングのビジネスモデルの類型は，フォースタイプということで，Subscription, Usage‐based, Advertising‐based, Success‐based とあります。

　Usage‐based というのは使用料ベースですが，Advertising‐based はまさしくグーグルが典型ですけど，一般ユーザーは無料で使えるのですが，実は広告のところで収入が上がるというビジネスモデルです。

　Success‐based or ＲＯＩ‐based というのは，成果報酬的なものです。

　Subscription は，一般的な期間でＩＤを何本何カ月使うのでいくら払いますという割とシンプルなものです。それぞれ類型は違いますが，このようなものがあります。それぞれに会計上の検討しなければならない課題（前述した「複合取引」と同じようなものですが）がありますが，クラウドには，企業向けもあり，消費者向けもあり，料金タイプとしては期間で支払うものもあり，使用量に応じて支払うものもあり，無料で使えるが何か広告を見なければならないのもあるなど，様々なビジネスモデルがあります。

　最近のＩＴの環境においては，クラウドという視点でとらえていかなければならないということが多く，とくにＣＩＯは，クラウドについても，経営や会計と関連する部分について，しっかり意識しておく必要があります。

【図表5－1】

> クラウド・コンピューティングのビジネスモデルには様々な形態があります。市場の拡大に伴い，今後より一層範囲が拡大していくと思われます。ビジネスでよく利用される形態はSubscriptionかUsage-basedの形態です。

Subscription
- 長い期間での利用には適合性が高いモデルです。
- 従来型のソフトウェアや，利用ベースモデルよりも収益性が高いのが特徴です。

Usage-based
- 追加的なリソースが急に必要になった時にとても便利なモデルです。
- ユーザーとしては，必要な時に必要な量だけ追加契約することでお手軽にリソース追加ができます。

Advertising-based
- GoogleやYahoo!などに代表されるサービス形態です。
- 企業のアプリケーション支援といったサービス形態においては，この形態でのサービス提供は，収益性の点で意味があるかどうかが不明なこともあります。

Success-based or ROI-based
- サービス利用から得られた結果をもとに，成果報酬型で支払われるタイプのモデルです。
- 獲得できた収益レベルで，課金額を決めるケースもあります。

第5章　ＣＩＯが意識すべきクラウドの活用のポイント

3　サービスの性質とサービス提供の形態

　近ごろ，新聞・雑誌などあちこちで見る「クラウド・コンピューティング」の用語ですが，これは比較的新しい概念です。

　「クラウド」の言葉の語源をたどると，これは2006年，GoogleのＣＥＯであるエリック・シュミットが講演で「クラウド・コンピューティング」という言葉で表現したのが最初と言われています。

　彼はこの講演の中で，将来世界にあるコンピュータは3台になると予言していました。その予言の確かさについては後日に委ねるとしても，近い将来，すべてインターネット経由ですべてのアプリケーションが利用可能になり，個人持ちのパソコンは必要なくなる日も遠くないかもしれません。

　このクラウドという用語は，空に浮かぶ雲の中に，ＩＴサービスが何らかつまっているけれど，その中身の構成はなんだかよくわからない，そういったイメージを表すのに，「クラウド」の用語は大変効果的でした。

　その後，短期間の間に「クラウド・コンピューティング」は画期的に利用が広がりを見せています。

　ここでは，まず「クラウド」の現在の状況について考えてみましょう。

　まず，「クラウド」の分類について，サービスの性質，サービス提供の形態というそれぞれの切り口で見た，会計処理との関係をみていきます。

【図表5−2】

```
・クラウドの分類：サービスの性質
  ― SaaS ……アプリケーション
  ― PaaS ……開発環境
  ― IaaS ……インフラ

・クラウドの分類：サービス提供の形態
  ― プライベート・クラウド
  ― コミュニティ・クラウド
  ― パブリック・クラウド
  ― ハイブリッド・クラウド
```

⬇

種別の違いにより会計処理の課題領域が異なる

4 クラウドの分類：サービス提供の形態

　利用される形態を踏まえたうえで，一般的なクラウドの利用モデルを整理すると四つに大別されます。

① プライベート・クラウド
② コミュニティ・クラウド
③ パブリック・クラウド
④ ハイブリッド・クラウド

　これらについて，内容についてみていきます。

　プライベート・クラウドというのは，従来の「イントラネット」，つまり企業内のネットワークを，技術面においてクラウドを採用して一層安価で便利にしようとするものです。

第5章　CIOが意識すべきクラウドの活用のポイント

　パブリック・クラウドは，従来の「インターネット」のように広く公衆に公開されているシステムを，やはり技術面においてクラウドを採用することで，従来なかったような大規模ないし多彩なシステムの実現を可能にしようとするものです。

　コミュニティ・クラウドはこのパブリック・クラウドの利用対象者がもう少し絞られて，特定のコミュニティに属するメンバーのみが利用することになります。

　そして，ハイブリッド・クラウドはプライベート・クラウドとパブリック・クラウドの融合体です。

【図表5－3】クラウドサービスの提供対象（利用モデル）

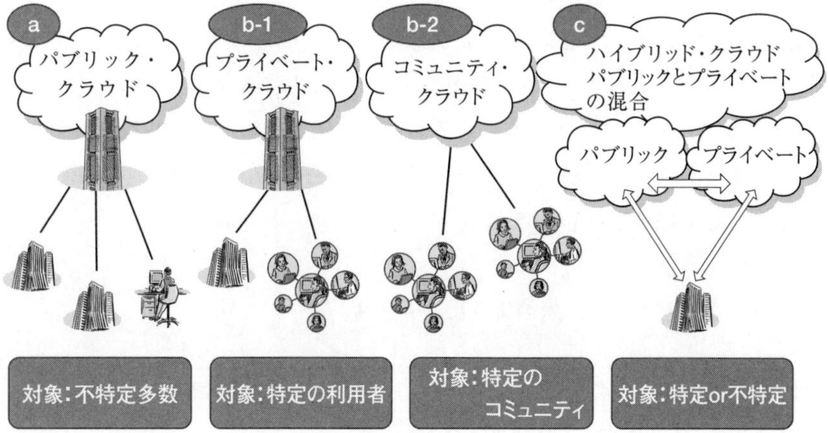

a パブリック・クラウド	b-1 プライベート・クラウド	b-2 コミュニティ・クラウド	c ハイブリッド・クラウド パブリックとプライベートの混合
対象：不特定多数	対象：特定の利用者	対象：特定のコミュニティ	対象：特定or不特定

米国 NIST（National Institute of Standards and Technology）が公表したクラウドの定義による分類

5 クラウドの分類：クラウドの性質

続いて，IT技術の観点からみた，一般的なクラウドの分類を見てみましょう。クラウド・サービスの性質の観点でみると，SaaS（Software as a service），PaaS（Platform as a service），そしてIaaS（Infrustracture as a service）の三つに分けられます。

SaaS：必要な機能に絞ったものを必要な分だけサービスとして利用できるようにしたソフトウェア（主にアプリケーションソフトウェア）またはその提供形態のことを指します。

PaaS：ソフトウェアを構築および稼働させるための土台となるプラットフォームを，インターネット経由のサービスとして提供するものです。

IaaS：コンピュータシステムを構築および稼働させるための基盤（仮想マシンやネットワークなどのインフラ）そのものを，インターネット経由のサービスとして提供するものです。

これらをまとめると，次のようになります。

サービス	イメージ	レストランでのお食事に例えると
SaaS	「アプリケーションの時間貸し」	レストラン： お食事が供される！→すぐに食べられる
PaaS	「アプリケーションの稼働環境の時間貸し」	キャンピング場でのバーベキュー： 自炊だけれど，調理器具や食材は提供されている →自分では調理するだけ：料理する
IaaS	「インフラの時間貸し」	台所つきマンスリーマンション： 台所，電気・水道，冷蔵庫などは提供されていて，食材は自分で購入 →調理まで手間はかかるけれども，自分側の裁量の余地が大きい

第5章　ＣＩＯが意識すべきクラウドの活用のポイント

【図表5－4】クラウドのサービスの分類

- パブリック・クラウド
- ハイブリッド・クラウド（パブリックとプライベートの混合）
- プライベート・クラウド

XaaS（Everything as a service）

- SaaS（Software as a service）（アプリケーション）
  ・代表的なサービス：Salesforce.com，Google Apps（Gmailなど）

- PaaS（Platform as a service）
  ・代表的なサービス：Force.com，GoogleApp Engine，Windows Azure

- IaaS（Infrastructure as a service）
  ・代表的なサービス：Amazon EC2，Amazon S3，ソフトバンクテレコムのホワイトクラウド／シェアードHaaS

6　所有から利用へ

　従来ではIT機器調達に際しては，IT資産を外部から「購入」して自分のところで「所有」する形態が一般的でした。近年の動向で，クラウドビジネスは大展開してきていますが，実際，このIT機器の利用に際してのビジネスモデルにも変革の波が訪れているといっても過言ではありません。
　クラウドの活用は「所有」ではなく「利用」の形態になります。いまや，ITリソースを利用したい場合には，「所有」するのではなく「利用」という形でサービスだけを受領する形へ変化をしています。
　「所有から利用」へというところをイメージとしてまとめたものが，次の図表です。

【図表5－5】

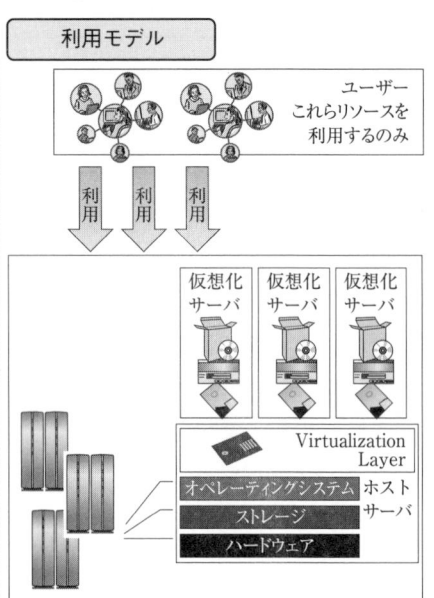

第5章　CIOが意識すべきクラウドの活用のポイント

　「所有」のイメージは，現在の一般的なものですので従来型です。オペレーティング・システム，サーバ，ストレージ，データベース，アプリケーションやミドルウェアといったITリソースについて個別に購入または整備するというスタイルです。また，これらのITリソースの保守・運用作業について，従来では社内人材で対応したり，直接的にコントロールする外注や派遣社員での対応が一般的です。

　一方，近年のクラウド活用の流れに伴い，これらのITリソースについてクラウドに代替させるということが可能な世の中になってきました。さらに，クラウド化されたいろいろなリソースをサポートするところも社内ではなく，外部に設置されるケース，シェアードサービスですとかBPO（ビジネス・プロセス・アウトソーシング）といった形で設置されるような業務運用スタイルも出てきました。こういった様々な業務リソースを使用するユーザーは，実際のリソースというものは，物理的にはどこにあるのか分からなくてもよく，サーバも仮想化されて，どこにあるのかも意識しない状態で，ただリクエストすれば結果が出てくる「ブラックボックス」のような形です。

　こういった特徴を有するクラウドに対し，会計という面では，ブラックボックス化したものの切り分けや整理をしないと会計処理ルールを定められないところが出てきます。クラウドがどういった組織，すなわち会社や部門がクラウドのリソース（ハードウェアやソフトウェア）をどのように保有してユーザーに提供しているのか，またクラウドを提供するサービス契約期間の切り口，すなわち会計期間をまたがるサービスの料金の徴収の仕方が処理のポイントになるので，そこの切り口の違いによって会計の検討課題が発生します。クラウドで提供されるサービス内容が同じであっても，組織や契約期間の形態が変わることで，会計処理の部分も変わることがあります。

7 「所有」と「利用」の会計処理

　会計処理が変わることは，それに伴う税金計算の対応ですとか，監査対応とか，内部統制などもあわせて対応の仕方が変わります。

　また，所有モデルと利用モデルで，企業としての実際の取引形態の特徴を出すと，「所有」は購入と関連するから，例えばサーバを購入する，電源装置を購入する，物の購入ではなく技術といったサービスを外注として調達する，それを運用する人を派遣や外注で雇用することと関連します。その取引形態に合わせて，仕入れの会計処理，資産計上の会計処理，減価償却費計上の会計処理，人件費の会計処理などを行います。クラウドの場合は「利用」ですが，これらが単に使用料金を支払うという単純化された取引になる場合も多く，同じことをやっているにもかかわらず，会計処理実務は大きく変わることになります。

　特に会計処理において貸借対照表との関係では，サーバのようなハードウェアは有形固定資産として計上し，ソフトウェアの開発については無形固定資産に計上し，資産計上を行った後で，減価償却や減損という会計処理が発生するのですが，さらに将来に及ぼす影響も考慮します。例えば**資産除去債務**という，将来の撤去費用を現在において見積もって貸借対照表に引当金として計上し，損益計算書に費用として計上する会計処理などは，その典型です。

第5章　CIOが意識すべきクラウドの活用のポイント

【図表5-6】資産除去債務のイメージ

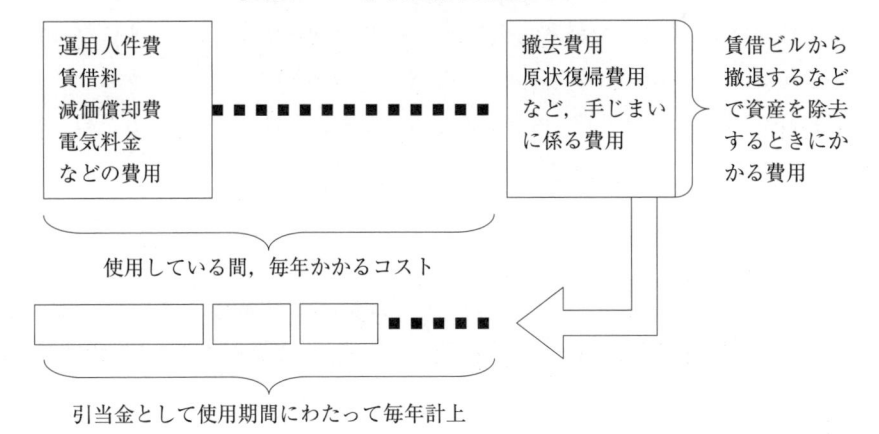

| 運用人件費
賃借料
減価償却費
電気料金
などの費用 | | 撤去費用
原状復帰費用
など，手じまい
に係る費用 | 賃借ビルから
撤退するなど
で資産を除去
するときにか
かる費用 |

使用している間，毎年かかるコスト

引当金として使用期間にわたって毎年計上

　これも「所有」の場合は必ず検討しなければなりませんが，「利用」の場合は考慮しなくてよいこともあります。

　まとめると，「所有」する場合は所有に伴うリスクが現在や将来に向かって発生するが，「利用」する場合はこのリスクを回避することができることでの会計処理の違いが出てきます。TCO（Total Cost of Ownership＝ITシステムの導入，維持・管理などにかかる費用の総額）の観点で考えると，「所有」の場合「利用」に比べていろいろ追加的な費用がかかるので，CIOが投資対効果を考えるにあたっては，そこも十分考慮する必要があります。

　「経理・財務」の範囲では，「所有」の場合ではさらに，資産購入のための資金調達，長期にわたっての減価償却によるキャッシュフローの回収といったキャッシュ面でのリスクも負います。

　逆に，「所有」の場合は「利用」と比較して，取引や資産管理を自分でコントロールできるので，そこをうまくコントロールすることによって，いろいろと優位な面を引き出せます。クラウドの活用にはメリットが多いのですが，それでもクラウドを利用しない理由というものに，自分で自由にコントロールできないことがあります。

　しかしながら，「所有」によって生じる様々なリスクがあるため，それらと

のトレードオフでＣＩＯは意思決定をしていかなければなりません。特に資産除去債務で示したような将来のリスクは会計では顕在化させるルールになっていますが，ＩＴの現場では忘れられてしまうことも多いのです。しかし，ＣＩＯは経営に関与し，「経理・財務」の意識を有する役割を担っているため，こういったことも頭に置いておく必要があります。

8 経営戦略におけるクラウドの活用

　ＩＴシステムとしてのクラウドの利用のメリットとしては，運用コスト削減，新規システム導入プロセスの簡素化，高いセキュリティ設定，災害時等のバックアップ体制等が一般的にあげられます。

　これらの要素は直接的なメリットですが，経営という意味では，会計との関係も踏まえ，「所有」から「利用」へというキーワードがポイントとなります。

　ＩＴシステムは経営リソースの一部ですが，従来，経営リソースは自分で所有することが通常でした。これは，建物，機械，備品といった固定資産，さらには人材もそうでした。それが，様々な経営リソースの利用形態が考案され，例えば建物については自社所有の物件を特別目的会社に売却して賃借する，機械や備品についても様々なリーススキームが考案され，人材についても専門家から単純労働まであらゆる人材ニーズを企業に供給するビジネスモデルが展開されました。いずれも「所有」から「利用」への形態ですが，会計的にはバランスシートを軽くし，激動する経営環境に対して軽快・柔軟に対応しようという企業の意識を取り込んでいます。

　こういった流れをさらに加速させたものが，シェアードサービスやビジネス・プロセス・アウトソーシング（ＢＰＯ）ですが，ＩＴシステムとしてのクラウドも同様の効果をもたらしています。

　これは，経営リソースをコアコンピタンスに集中するという考え方からくる

第5章　ＣＩＯが意識すべきクラウドの活用のポイント

ものです。

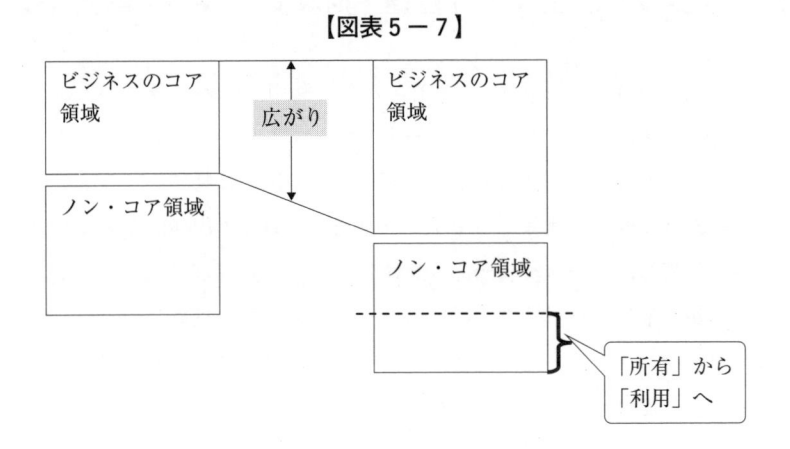

【図表5－7】

ビジネスのコア領域	広がり	ビジネスのコア領域
ノン・コア領域		
		ノン・コア領域

「所有」から「利用」へ

　したがって，ＣＩＯがクラウドの活用を考えるにあたっては，単純に表層的なメリットで捉えるのではなく，自社の経営にとって有効な経営資源の集中化を図ることを意識して施策を進める必要があります。

　例えば規制産業の場合など，データの保全等で法的な制限があったり，顧客の期待として自社資源での管理を求められるケースなど，様々な要素を考慮して意思決定を行わなければなりません。

9 クラウドが企業の「経理・財務」へ与える影響

先ほども述べましたとおり,「所有」から「利用」へのキーワードは,経営資源の有効活用のためにバランスシートを軽くするという狙いがあります。

ところで,もともと「所有」から「利用」への流れは特にクラウドに限ったことではありません。例えばITインフラ調達における伝統的なオフバランスの手法としては,リース契約があります。

ところが,最近の会計基準の動向では,リース会計の見直しが行われており,従来オフバランスとなっていたオペレーティング・リースも含めてオンバランスが要請される可能性が出てきます。

財務的には,企業の総資産残高が少ないことは経営効率が高いという意味も持ちますので,IT資産のオンバランス化が余儀なくされることを懸念するユーザー企業においては,「所有」ではなく「利用」という形でクラウドの活用が進む可能性があります。

しかしながら,すべてのケースにおいてクラウド利用がオフバランス(=貸借対照表に資産として計上されない資産)となるわけではありません。契約条項にもよりますが,特に汎用性のないシステムのプライベート・クラウドの場合などでは,実質的にリース会計基準と同じ取り扱いを求められる可能性があり,結果としてオンバランス(=貸借対照表に資産として計上される)処理となる場合もあります。

会計の役割は,経済活動を行う企業の状況を数値の形に置き換える鏡,写像のような役割を果たしています。クラウドというITインフラのあり方は,まだ端緒についたところなので,今後,会計分野においては様々な論議が展開される可能性があります。

CIOとしては,そういったクラウドにまつわる新しい経営に関する論点(会計のみならず,法的,人材管理といった観点も合わせて)について,タイムリーにキャッチアップしてく意識が求められます。

コラム：ＸＢＲＬ導入で今後の情報の流れはどう変わる？

　ＸＢＲＬという用語をこの頃見かけることがありませんか？この用語については，ＩＴ業界もしくは会計業界に精通した方々にとっては耳にしたことがある言葉であり，むしろビジネスのネタ元として理解している必要があります。

　ＸＢＲＬ（eXtensible Business Reporting Language）は各種財務報告用の情報を作成・流通・利用できるように標準化されたＸＭＬベースの言語です。ＸＢＲＬを用いて財務情報を作成すると，ソフトウェアやプラットフォームに関係なく，電子的な財務情報の作成や流通・再利用ができます。

　この機能を用いて，公開会社，非公開会社，会計専門家，監督機関，アナリスト，投資家，資本市場参加者，ソフトウェア会社，情報提供会社など，財務情報のサプライチェーンに関係するすべての当事者に

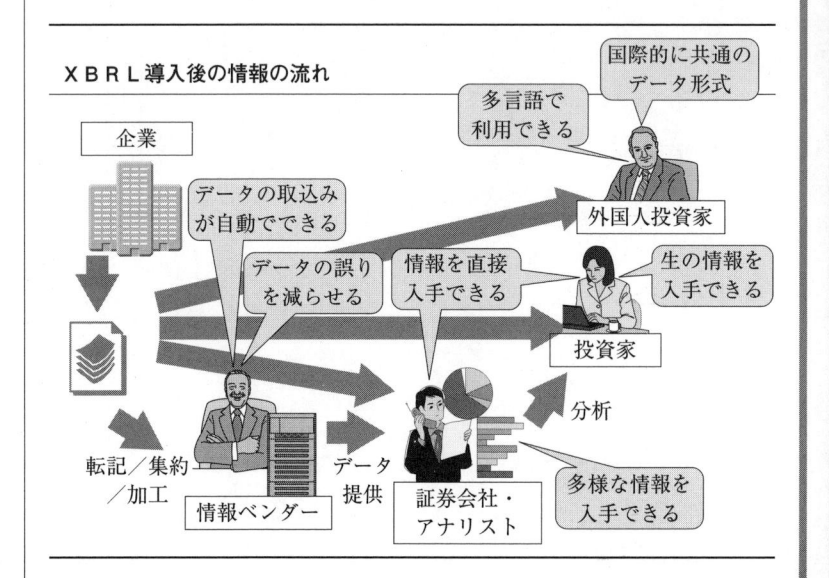

ＸＢＲＬ導入後の情報の流れ

- 企業
- 多言語で利用できる
- 国際的に共通のデータ形式
- データの取込みが自動でできる
- 外国人投資家
- データの誤りを減らせる
- 情報を直接入手できる
- 生の情報を入手できる
- 投資家
- 転記／集約／加工
- 情報ベンダー
- データ提供
- 証券会社・アナリスト
- 分析
- 多様な情報を入手できる

とって，財務情報を作成するコストを削減し，正確な財務情報をよりスピーディーに利用することが可能になります。ウェブ上で公表されている財務情報がＸＢＲＬ化されると，ブラウザーによる検索の精度が飛躍的に高まります。

　まさに情報のサプライチェーンです。

＜監修者・著者紹介＞

金　児　　昭（かねこ　あきら）
経済・金融・経営評論家，作家，信越化学工業顧問，日本ＣＦＯ（最高「経理・財務」責任者）協会最高顧問。
61年，信越化学工業入社。以来38年間，「経理・財務」部門の実務一筋。92～99年，常務取締役（経理・財務，法務，資材関係担当）。94～97年，公認会計士試験（筆記・口述）試験委員。98～2000年，金融監督庁（現金融庁）顧問（専門分野「企業会計」）。

著書に，『Mr. Chihiro Kanagawa：The Management of The World's Best Business Leader』『自由と自己規律』（以上，税務経理協会）。『「利益力世界一」をつくったM＆A』『ビジネス・ゼミナール会社「経理・財務」入門』『「経理・財務」＜上級＞』『その仕事，利益に結びついてますか？』（以上，日本経済新聞出版社）。『金児昭の7人の社長に叱られた！』『Mr. 金川千尋　世界最強の経営』（以上，中経出版），などがある。

榊　　正　壽（さかき　まさとし）
公認会計士　システム監査技術者
新日本有限責任監査法人　常務理事
1988年に太田昭和監査法人（現・新日本有限責任監査法人）に入所。グローバルに事業展開する日本企業の監査・アドバイザリー業務，金融機関・官公庁等のシステム監査に従事。
著書に『クラウドを活用した業務改善と会計実務』（共著，中央経済社），『公益法人経理実務ハンドブック』（共著，中央経済社），『リスク管理と企業規程の作成・運用実務』（共著，第一法規），などがある。

猪　熊　浩　子（いのくま　ひろこ）
公認会計士　東北大学　大学院経済学研究科（会計大学院）准教授。
1998年に太田昭和監査法人（現・新日本有限責任監査法人）に入所。2010年4月より現職。
著書に『会社法と税理士業務』（共著，中央経済社），『クラウドを活用した業務改善と会計実務』（共著，中央経済社），などがある。

監修者・著者との契約により検印省略

平成24年4月1日　初版第1刷発行

できるCIOになるための
『経理・財務』の教科書

監修者	金児　　昭
著者	榊　　正壽
	猪熊　浩子
発行者	大坪　嘉春
製版所	株式会社ムサシプロセス
印刷所	税経印刷株式会社
製本所	株式会社三森製本所

発行所　東京都新宿区下落合2丁目5番13号　株式会社 税務経理協会

郵便番号 161-0033　振替 00190-2-187408　電話 (03) 3953-3301（編集部）
FAX (03) 3565-3391　(03) 3953-3325（営業部）
URL http://www.zeikei.co.jp/
乱丁・落丁の場合はお取替えいたします。

© 金児　昭・榊　正壽・猪熊浩子 2012　　Printed in Japan

本書を無断で複写複製（コピー）することは，著作権法上の例外を除き，禁じられています。本書をコピーされる場合は，事前に日本複写権センター（JRRC）の許諾を受けてください。
JRRC (http://www.jrrc.or.jp　eメール:info@jrrc.or.jp　電話:03-3401-2382)

ISBN978-4-419-05768-8　C3034